DISCURSO SOBRE O OBJETO

Wanderley Guilherme dos Santos

DISCURSO SOBRE O OBJETO

UMA POÉTICA DO SOCIAL

2ª edição revista e aumentada

TOPBOOKS

Copyright © 2019 Wanderley Guilherme dos Santos
1ª edição: 1990

EDITOR
José Mario Pereira

EDITORA ASSISTENTE
Christine Ajuz

REVISÃO
Luciana Messeder

PRODUÇÃO
Mariângela Felix

CAPA
Miriam Lerner | Equatorium Design

IMAGEM DA CAPA
Paul Klee: Wald-Hexen (Feiticeiras da Floresta, 1938);
Fondation Beyeler, Suíça

DIAGRAMAÇÃO
Arte das Letras

CIP-BRASIL. CATALOGAÇÃO NA FONTE.
SINDICATO NACIONAL DOS EDITORES DE LIVROS, RJ.

S239d

    Santos, Wanderley Guilherme dos
        Discurso sobre o objeto: uma poética do social / Wanderley Guilherme dos Santos. – [2ª ed.]. – Rio de Janeiro: Topbooks, 2019.
        198 p.; 21 cm.

    ISBN 978-85-7475-283-9

    1. Ciência e civilização – Discursos, ensaios e conferências. 2. Ciência – Aspectos sociais – Discursos, ensaios e conferências. I. Título.

19-56208   CDD: 300.1
                                                                                             CDU: 316.2

TODOS OS DIREITOS RESERVADOS POR
Topbooks Editora e Distribuidora de Livros Ltda.
Rua Visconde de Inhaúma, 58 / gr. 203 – Centro
Rio de Janeiro – CEP: 20091-007
Tels: (21) 2233-8718 e 2283-1039
topbooks@topbooks.com.br/www.topbooks.com.br
Estamos também no Facebook e Instagram.

Pertanto, mentre il vero divino è quello che Dio dispone e genera nel momento stesso in cui lo conosce; il vero umano è quello che l'uomo compone e fa nel momento stesso in cui lo apprende.

| Giambattista Vico,
L'antichissima sapienza degli italici

SUMÁRIO

Nota à 2ª edição 11
Prólogo 23
Da lógica dos movimentos sociais à lógica da
   ação coletiva através do paradoxo das igrejas 123
Wanderley Guilherme dos Santos: ontologia
   e política – Cicero Araujo 153

NOTA À 2ª EDIÇÃO

Muito raramente pesquisas sobre fenômenos sociais produzem resultados escandalosos, algo equivalente à comprovação de que o planeta Terra não era o centro do universo, ou de que doenças não se transmitiam pelo éter, o qual, aliás, nem existia de fato. Não me arrisco a citar escândalos quânticos ou cosmológicos por ignorância, com certeza, mas igualmente porque estou ciente de que a velocidade com que os escândalos se sucedem entre as disciplinas do mundo material é, hoje, gigantescamente superior à dos lentos três séculos que separaram a física newtoniana dos artigos iniciais de Albert Einstein, por exemplo. Tenho escrito que as Universidades atuais, em geral, ensinam o obsoleto, pela insuperável razão de que a rapidez com que o conhecimento avança nos institutos de vanguarda não é a mesma com que ele se difunde entre milhares de professores e entre os milhões de noviços científicos do alunado.

Entre nós, investigadores e cúmplices das sociedades, a teoria da história implícita na *A Guerra do Peloponeso*, de Tucídides, a teoria do mercado econômico, de Adam Smith, ou a tese do eterno retorno, de Vico, entre centenas de exemplos, ainda competem no circuito das ideias com ares de contemporaneidade. Último escândalo de grande envergadura, nos últimos cem anos, talvez tenha sido a psicanálise de Freud, não a descoberta do inconsciente, exatamente, conhecido por vários nomes e tipos de manifestação desde que a humanidade tomou consciência de que não pertencia ao mundo vegetal ou mineral e que se distinguia drasticamente dos demais animais. Possivelmente, até mesmo antes disso, enquanto aglomerados já humanos ainda se identificavam fraternalmente com plantas e bichos. Mas a ousadia freudiana de descrever a estrutura e o modo de operar do inconsciente provocou, sem dúvida, um transtorno em perene ebulição até hoje.

Mais recentemente, a automação, de um lado, e a engenharia biológica, de outro, sequer foram notadas seriamente na subversão em processo no modo humano de fabricar o mundo, hábito universalizado pela revolução industrial, agora em coma terminal, e no modo humano de se pensar como tal, praticamente reduzido a transformações elementares de matérias químicas. Enquanto a biologia, ou que designação tenha agora, informa-nos sobre a especificidade da complexa máquina que nós somos, a automação nos assegura que será capaz de produzir máquinas que nos reproduzirão. Descontado certo exagero literário, no inconsciente freudiano de biólogos e tecnólogos da revolução digital são essas, de fato, as ambições inconfessáveis. Mas, outra vez de fato, muitos já conversam francamente sobre isso.

Porém, há os que, moderadamente céticos, desconfiam que a variabilidade da subjetividade humana seja exaustivamente computável, entre os quais me incluo. Estando a prova do pudim no comê-lo, à parte as estupendas inovações tecnológicas e as ousadias de Adam Smith ou Freud, têm ocorrido modestas revoluções no modo de compreender como funcionam as sociedades. Modestas por comparação aos magníficos escândalos dos citados, nem por isso, todavia, menos argutas relativamente aos problemas que suscitaram, substituíram ou, abertamente, subverteram. Na realidade, diria que, se menos escandalosas, têm sido mais exatas e sólidas. Entre elas, a teoria que revolucionou o entendimento da ação coletiva.

Tão simples quanto a imagem de dois personagens trocando provisões em um "mercado", um deles oferecendo certa quantidade de produtos em troca de quantidades de produtos do outro, é a percepção de que as quantidades dos produtos trocados não são necessariamente as mesmas. O desequilíbrio pacífico da troca decorre da aceitação, pelo menos aquinhoado, de que por alguma razão o desequilíbrio é equitativo, isto é, a menor quantidade de uns produtos se equivale à maior quantidade dos outros. O número de vezes em que se encontraram, eventualmente se engalfinharam, experimentaram quantidades diferentes dos produtos trocados, até alcançarem o desequilíbrio pacífico, não foi registrado. Nem sabiam eles que estavam criando a economia política. A questão interessante consiste justamente em descobrir como indivíduos ignorantes em economia política participam de trocas dessa natureza. Agora, quando milhões de pessoas estão reproduzindo esse comportamento, aproveitando a introdução de um meio de troca, a moeda, não deixa de ser admirável que um escocês se tenha disposto a explicar não só esse episódio, mas a origem da riqueza das nações.

Pois a ação coletiva cooperativa descreve uma contingência simples e trivial que, supunha-se, integrava o estoque de recursos com que a humanidade fabrica o mundo em que vive. Se dois ou mais indivíduos compartem um interesse, ou seja, se têm um interesse comum, então se espera que, naturalmente, se unam para promover esse interesse, que é de todos. Em termos domésticos: se há um enorme buraco no meio de uma rua, passagem de todos, transeuntes e veículos, pondo-os em risco, é do interesse comum aos usuários da via tapar o buraco da maneira mais apropriada e segura possível. E assim com todo interesse comum a uma associação de pessoas e ao alcance de uma atividade cooperativa dos interessados. Um surto de alguma doença contagiosa não está ao alcance de uma comunidade resolver mediante algum tipo de cooperação. Mas tapar o buraco está.

Durante séculos acreditou-se que o mundo era em grande parte fabricado ou consertado pela cooperação de pessoas com o mesmo interesse. É razoável assim pensar, parece lógico, e provavelmente era isso mesmo que acontecia no mundo todo, todo dia. Foi este entendimento da mecânica ou dinâmica da ação coletiva cooperativa o objeto da subversão promovida por Mancur Olson, Jr., em 1965. Em *The Logic of Collective Action*, publicado pela Harvard University Press, Mancur Olson não demonstra conhecer rápida passagem de David Hume, escocês como Adam Smith, em que anotava a elevada probabilidade de um pântano permanecer sem drenagem, justamente devido ao benefício geral que ela acarretaria e, por isso, desanimando cada um dos moradores, todos indispostos a trabalhar sozinho pelo interesse de todos. Nem se refere a Rousseau quando este, sagazmente, descreve a possibilidade de que em uma caçada coletiva a coelhos, com repartição igualitária dos resultados, um dos caçadores permaneça descansando, obviamente escondido, enquanto os demais se esforçam para aumentar o butim a ser irmãmente compartilhado. Por não ter sido descoberto, receberá parte igual da caçada sem nada haver contribuído para tanto.

Nem Hume ou Rousseau desenvolvem as implicações das hipóteses, até porque, pela cultura cívica das respectivas épocas, era bem possível que os cavalheiros de então jamais cogitassem proceder com tanta indignidade. Não obstante inadvertido dos devaneios hipotéticos de Hume e Rousseau, mas inteiramente familiarizado com a têmpera do século XX, Olson sustentou que a cooperação igualitária passara a exceção, quando não evidência de pouca inteligência, alguém entregar-se a produzir um bem coletivo para proveito geral, sem que nenhum dos beneficiados tenha dispendido o menor esforço ou recursos materiais para o aprimoramento do *status quo*, digamos assim, se lembrarmos do exemplo de Hume. Consequentemente, a ausência de cooperação produtiva na promoção de interesse comum consagra um estado geral de bem-estar inferior ao que poderia ser alcançado, caso os costumes prevalecentes no século XX gratificassem menos o egoísmo do interesse privado do que os séculos anteriores aplaudiam o idealizado cavalheirismo e honradez de então.

A dificuldade de ação coletiva para a promoção de um interesse coletivo decorre da clara percepção de que um bem comum se caracteriza justamente pelas propriedades de há muito conhecidas na ciência econômica, e que são as seguintes: a) um bem público (coletivo) não é suscetível de excluir do consumo quem não houver participado de sua produção; b) um bem público não é divisível, não sendo possível, portanto, distribui-lo seletivamente. Em termos domésticos, um parque público construído em uma vizinhança está à disposição de todos que desejarem frequentá-lo (eliminando a hipótese mercantil de que seja cercado pela companhia construtora), independente de ser ou não o beneficiado um correto pagador de impostos. Nem pode o parque ser construído aos pedaços, com acesso restrito àqueles que contribuíram para a obra.

A drenagem do pântano de Hume oferece exemplar imagem do problema. Se algum "otário", na linguagem utilitarista, assumir os custos integrais de recuperação do local, todos os moradores na vizinhança, sem exclusão, se beneficiarão da valorização das áreas sob o regime de propriedade privada. E é patente que a drenagem de um pântano não se faz por metro quadrado – ou se faz completamente ou não se faz. A obra e sua consequência são indivisíveis.

É certo que existem altruístas, pessoas suficientemente dotadas de recursos e de boa vontade, dispostas a financiar solitariamente a produção de um bem coletivo. São iniciativas proporcionalmente raras e assinaladas por placas, adoção de nomes e diversos elementos memorialísticos, justamente para indicar a excepcionalidade da empreitada. O comum é que o interesse comum continue latente, sem satisfação.

A lógica de Mancur Olson provocou escândalo, naturalmente, críticas indignadas, adesões fulminantes e, desde a década dos anos setenta aproximadamente, matéria de atenção obrigatória em qualquer investigação sobre ações coletivas. Se o interesse comum não explicava a existência de ações coletivas, e se as sociedades, alguns conservadores observariam, estão obesas de ações dessa natureza, como explicar a empiria discordante de uma aparente lógica imbatível? Olson propõe duas gêneses: ou a organização obtém concurso coletivo por oferecer aos participantes "pagamentos laterais", em acréscimo ao bem produzido, ou procede por coerção. Pagamentos laterais são, por exemplo, os serviços não obrigatórios prestados pelos sindicatos brasileiros para recrutamento de sindicalizados. O imposto sindical era uma forma coercitiva de manter o sindicato, mas não implicava automaticamente na sindicalização do trabalhador. Tornar-se sindicalizado e gozar de benefícios extras (colônia de férias, por exemplo), fora do conceito de "bem" produzido pelo sindicato (defesa salarial, condições de trabalho, etc.), exigia uma participação efetiva na vida do sindicato. Já em matéria de cooperação coercitivamente extraída nada mais evidente do que os impostos pagos aos governos para a prestação, precisamente, de serviços públicos, que escapam à capacidade produtiva de uma comunidade, e de outros serviços e amenidades que, não obstante passíveis de atendimento por via de cooperação privada, são abortados pela implacável lógica do interesse privado.

Em 1967 o desafio de Mancur Olson já era debatido em seminários coordenados por Heinz Eulau, na Universidade de Stanford, bem como outro volume de extraordinário poder analítico: *The Calculus of Consent – Logical Foundations of Constitutional Democracy*, de James Buchanan e Gordon Tullock, editado pela Universidade de Michigan em 1962. Este mini escândalo deu origem à afluente e influente "escola" de "public choice studies", reduzida, entretanto, a investigações simbólicas de teoremas econômicos, sem a substância da análise política de *The Calculus of Consent*. O prolongamento deste se fará em 1975 com a publicação de *The Limits of Liberty*, de James Buchanan, editado pela Universidade de Chicago. Acrescidos de *Polyarchy – Participation and Opposition*, de Robert Dahl, publicado em 1971 pela Universidade de Yale, os volumes de Buchanan e Olson constituem o núcleo nobre da teoria política da democracia representativa contemporânea.

Minhas reservas à solução de Mancur Olson surgiram em relação a algo imediatamente evidente para mim: se o problema da ação coletiva, na formulação olsoniana, era genuíno, como admito, faltava, em Olson, a explicação de seu início. Pagamentos laterais e coação são, na medida em que o são, respostas ao problema da continuidade da ação cooperativa, não de como terá começado. Claro: antes de se consolidar, nenhuma associação cooperativa dispõe de recursos para pagamentos laterais convincentes aos primeiros cooperadores "voluntários". Nem poder coercitivo para agrupar os "fundadores" da produção de bens coletivos. O início da ação coletiva não era explicável pela teoria de Olson, embora eficaz no entendimento de sua permanência, exemplificada em diversos capítulos de história econômica incluídos no volume.

Sugeri uma solução, descrita em "The Dual Logic of Collective Action", apresentado no seminário, "Micro Foundations of Democracy", Center for Ethics, Rationality and Society, Universidade de Chicago, 29 de abril a 1º de maio de 1988. Muito reelaborada, tornou-se um capítulo de *Razões da desordem*, RJ, editora Rocco, 1992. Resumindo drasticamente o percurso do argumento, desde a apresentação e crítica de Olson à revisão da literatura, já extensa, sobre o problema geral da ação coletiva, concluí, à época, que a iniciativa de produzir um bem coletivo surgia sempre que os custos de não produzi-lo fossem maiores do que os custos de produzi-lo. Em outros termos, quando a manutenção do *status quo* implicasse em condições tais que, mesmo tratando-se de uma solução geradora de um bem coletivo, sujeito a apropriação de terceiros ociosos, os custos de permanência do *status quo* tornavam-se superiores ao custo de alterá-lo, independente da ação cooperativa ou não dos demais interessados.

A essa condição, formulada com suficiente generalidade, denominei de "mal público". Ao contrário de um bem coletivo, cujo consumo é opcional – alguém vai ou não a um parque quando lhe convém –, sendo crucial a condição de que nada pode impedi-lo de frequentá-lo quando desejar, um "mal público" se caracteriza pela impossibilidade de não consumi-lo, mesmo contra a vontade do consumidor. A diferença fundamental concentra-se na propriedade de que o consumo de um bem coletivo é opcional, sendo compulsório no caso de um mal público. Livrar-se do consumo de um mal público obriga à produção de um bem coletivo, de outro modo tratar-se-ia de um mal privado a ser privadamente superado. Portanto, a qualificação de mal público remete a duas condições: a) o consumo é obrigatório; b) só é superável pela produção de um bem coletivo. O argumento completo e derivações – inclusive abordando o problema do "carona", isto é, daqueles que cruzaram os braços – encontram-se em *Razões da desordem*. A noção, tal como sumariamente descrita, é bastante para o entendimento do paradoxo das igrejas.

Em meados de 1977, redigi duas ou três páginas sobre o paradoxo das igrejas, exatamente com este título e mostrei-as a Fernando Uiricoechea, sociólogo colombiano, então professor do antigo Instituto Universitário de Pesquisas do Rio de Janeiro. Com uma ou duas observações, Fernando sugeriu que desenvolvesse o argumento, o que resultou em sete páginas escritas em inglês e destinadas a um congresso ao qual terminei não comparecendo. O título fora substituído pelo atual e as páginas ficaram entre os papéis a que um dia se voltaria, talvez. O tema central da elaboração teórica comparece rapidamente no capítulo incluído em *Razões da desordem*, quase como anotação de pé de página, pois não era elemento essencial ao argumento que desenvolvia sobre o início da ação coletiva.

Agora, outubro de 2018, quando escrevo, surge a gratificante ocasião de publicar nova edição de *Discurso sobre o objeto: uma poética do social*, pela generosa iniciativa de

José Mario Pereira, editor da Topbooks, enriquecida pela análise densa de Cicero Araujo, à vontade, claro, para exprimir simpatia e crítica quando lhe parecesse apropriado. Cicero presenteou-me com o encontro de um leitor que eu, o autor, gostaria de ser. Havendo reencontrado o texto de 1977, e lamentando não havê-lo publicado em revista acadêmica, ocorreu-me fazê-lo companhia ao *Discurso*, tanto pela semelhança no estranhamento que ambos colheram quando conhecidos, quanto pela oportunidade, enfim, de trazê-lo à vida institucionalizada. Eis que Joubert Brízida procedeu a magnífica tradução do texto original, submetendo-a a mim para verificação da fidelidade ao original. Pois a excelência da tradução, que aqui agradeço com efusão, convenceu-me de que o texto primitivo era sucinto em demasia diante da complexidade do problema. A satisfação com a tradução veio acompanhada da insatisfação com o texto, tendo como resultado extensa revisão, desenvolvendo o que devia sofrer desenvolvimento, e derivadas algumas conclusões ausentes do original. Devo registrar, contudo, que o núcleo da tese é rigorosamente o mesmo do texto de 1977, cópias da qual, aliás, continuarão nos arquivos da editora e nos meus.

Espero que a ressureição das conjecturas, arriscadas há quarenta anos, as mostre ajustadas à contemporaneidade dos problemas de que tratam.

PRÓLOGO

Imagino que surpreenda a alguns leitores, escandalize até, o tom destemperado deste livro. Admito que seus propósitos provoquem desconfiança, hesitação no julgamento, cautela em concordar ou discordar. Não vou antecipar, aqui, o argumento que se encontrará desdobrado em oito breves capítulos. Quisera que fossem apenas cinco, ou menos, se conseguisse submeter-me à concisão tão louvável. Mas estimo que poucas tenham sido as frases em excesso, como escassíssimas são as referências explícitas a autores consagrados ou mal-afamados.

Tenho uma sólida razão para a economia de remissões. Conhecer Platão não significa conhecer nada a respeito do mundo humano, além daquilo que constitui o pensamento de Platão. Substitua-se Platão por santo Agostinho, Maine de Biran, Marx ou Wittgenstein, e nenhuma alteração se verifica na valência da proposição: conhecer a doutrina de x não significa saber alguma coisa do mundo além da doutrina de x, que está neste mundo. Tenho compromisso existencial com o mundo e interesse estético em ideias.

Penso haver descoberto algo: simples e, ao mesmo tempo, devastador. Descobri, ou assim acredito, a razão da ignorância, sua natureza e sua função epistemológica em assuntos humanos. Este é meu ponto arquimediano. É a partir dele que discurso, e discurso sobre tudo que me pareça relevante na elucidação do processo material e simbólico pelo qual os seres humanos fabricam o mundo e o conhecem.

E claro, também tenho um objetivo malévolo: o de destruir toda e qualquer pretensão de que seja possível conhecer o mundo social assim como se decora que dois e dois, *ceteris paribus,* são quatro. Contra a arrogância dogmática, oponho a simpatia cética; contra o saber enclausurante, a subversão libertária da ignorância.

Não faço a apologia da ignorância, ainda menos do irracionalismo – trejeitos pedantes que não se harmonizam com a compostura e dramaticidade da ressurreição perpétua da espécie humana. Não faço o elogio da ignorância. Reconheço-a e investigo suas consequências. Assombrosamente, o mundo gerado na ignorância é superior em facetas, atrativos, inventos e virtualidades ao mundo cataléptico capturado pelas teorias dogmáticas que se sucederam época a época. Se o leitor não se deixar persuadir por meus argumentos sobre o mundo, tal como o vejo, estou quase certo de que, mesmo assim, não voltará a vê-lo como o via antes. Eis meu desafio.

Wanderley Guilherme dos Santos

1

Creio em nada, e jamais me deixaria queimar pela verdade de qualquer proposição, nem mesmo por esta. Com alguma lógica, o silêncio deveria seguir-se à premissa estipulada. O silêncio e a mais que perfeita imobilidade, não fora o imperativo da razão do instinto a preencher com sucesso o oco da razão da razão. Com alguma lógica, sim, mas e com toda lógica? Com toda lógica se dirá que a ausência de uma razão do discurso é estritamente complementar à ausência de uma razão do silêncio, em cosmos de incerteza máxima. Pois bem se vê que o *possível* vazio do discurso não se converterá jamais em razão suficiente de sua *efetiva* ausência. A fala por certo é algo voluntarioso, porém não instintivo tão só, isto é, prevalente. Antes, instaura a *única* possibilidade racional de que se a desminta e, complementarmente, de que não se a desminta. Provisoriamente. Não obstante, creio em nada.

Em nome de que princípio deveria acreditar em algo? Ou bem pelo acordo das gentes, ou bem por minha exclusiva experiência da verdade, ou ainda pela conformidade entre a opinião e o acontecer – e nenhuma das escolhas constitui seguro critério de certeza. Quem pilota a ação são as representações, e as representações são de confusa origem. O apaixonado interesse, segundo corrente doutrina, transfigura o mundo em aleijão do que efetivamente é. Mas já lá diz outro que o cálculo interessado da razão domestica o sentimento e o guia convenientemente por entre o labirinto das aparências e dos excessos. Na origem da representação, assim, o conflito entre a sensação do acontecer e a química interessadamente apaixonada que elabora o acontecer da sensação. Porém, há mais.

O acordo das gentes é o quê? A relativa concordância de alguns; que fossem muitos, que fossem todos. E daí? Durante séculos supôs-se que o planeta Terra ocupava o centro do universo, e era falso. Poderiam ter sido todos, e ainda hoje sustentar a mesma crença sem que sua falsidade fosse diminuída de um infinitésimo de um infinitésimo de um infinitésimo. Nem o número nem o tempo convertem o falso em verdadeiro. Ou sim?

Por quantos séculos havemos de conviver com o falso tornado verdadeiro em plebiscito? Enquanto novo plebiscito não provocar a impossibilidade de agir conforme esta ou aquela representação. Espantosa história de erros e de equívocos só revelada pela incapacidade de ação, entretanto possível antes que outra representação plebiscitária a paralisasse. Se a Terra ou o Sol ocupam o centro do sistema é uma questão sem importância para o comportamento das gentes, e uma ideia foi substituída por outra bem antes de que a opção adquirisse qualquer significado prático.

O conteúdo cognitivo de qualquer ação social humana é ridiculamente ínfimo, seu valor de verdade majoritariamente ignorado, quando reconhecido é minimamente compreendido, e quando reconhecido e compreendido só ocasionalmente respeitado. O ser humano possui a espantosa liberdade de agir conforme premissas que acredita falsas, para sempre em dúvida se as consequências assim provocadas serão relevantemente distintas daquelas que se seguiriam a uma ação conforme premissas que acredita verdadeiras. Ele, o ser humano, experimenta, fabrica, inventa contra o que parecem ser os fatos do mundo, em acréscimo à docilidade rotineira com que também percorre, conformado, seu cotidiano trajeto. O ser humano é a única fonte de validação e de falsificação de contrafactuais, por isso mesmo ignora em excesso, por isso mesmo crê em nada.

Assim, a lição da experiência se resume a um registro do precário. Todas as atuais hipóteses sobre o mundo podem ser falsas, já que inócuas, isto é, desimportantes para o comportamento das gentes. A aparente coordenação entre o que acontece e o que se supõe que acontece garante a continuidade da ação de acordo com o previsto. E a continuidade da ação de acordo com o previsto garante a aparente coordenação entre o que acontece e o que se supõe que acontece. Circularidade insondável, o único real apoiado pela continuidade da ação prevista é a continuidade da ação prevista ela mesma, até que se torne impossível, em seus desdobramentos, sem a substituição das representações agora inibidoras.

A mitologia platônica de que conhecimento é virtude, de que o saber comanda tiranicamente a ação, de que aquele que sabe não pode senão ser virtuoso, assim como um e um serão sempre dois, é uma mitologia platônica. Pior. É uma arrogante proposição hipotética sobre a misteriosa trama entre ação, saber e virtude. Um curso de ação bem-sucedido autorizaria, pela identificação platônica, a classificar como saber a representação que o interpreta e, pela dialética descendente, a glorificar o curso de ação como reto e virtuoso. Ai, portanto, dos céticos, curiosos, mágicos e experimentadores. E, assim como Platão, Lênin. Contudo, informação não é conhecimento, conhecimento não é sabedoria, e sabedoria nada diz à virtude. A sabedoria se funda no ceticismo, o ceticismo na precariedade do conhecimento, o conhecimento na finitude das informações. A moral não possui fundamento algum, e a aritmética é irrelevante como regra de conduta.

Se a experiência projeta ou assegura a representação dos liames entre o que acontece e o que se supõe que acontece, então o acordo das gentes, inclusive o acordo sobre o que constitui a experiência, não ultrapassa os limites de um plebiscito sobre representações. Quando os cursos de ação previstos, ou suas implicações, atingem o limiar das representações, o plebiscito imperante torna-se inútil. O mundo tal e qual é irrelevante. Crucial é a representação que permite acomodar cursos de ação previstos. Se o consegue, e enquanto o consegue, nada resta para a disputa. A possível falsidade da representação recém-entronada, e mesmo sua efetiva falsidade, não produz qualquer efeito prático sobre o comportamento das gentes. O plebiscito, sim.

O acordo das gentes expressa um plebiscito sobre representações cuja falsidade pode ser anterior, concomitante ou posterior à experiência, entre elas incluída a representação do que constitui a experiência. Pois a representação do que constitui a experiência pode ser plebiscitariamente substituída antes, durante ou depois da experiência da experiência. Mas, falsidade, como? Uma teoria (representações) é comprovadamente falsa quando contraditada pela experiência. Se, porém, a experiência se funda na representação da experiência, que se funda na precariedade do conhecimento (na precariedade do que corresponde verdadeiramente ao conceito ou representação de "experiência") e na finitude da informação (informação sobre o desconhecido número de formas possíveis de "experiência", já que a vasta maioria de mundos possíveis está adormecida, à espera de um toque humano), então será a teoria falsa ou o conhecimento limitado e a informação diminuta para revelá-la como verdadeira, isto é, capaz de acomodar cursos de ação previstos?

O critério da falsificabilidade, fundado na representação plebiscitária da experiência, sustenta como verdadeira a proposição seguinte: a representação não pode constituir o representado. Agora bem: ou se aceita que esta é uma proposição falsificável, ou não se admite que o seja. Se o segundo caso, então o critério de falsificabilidade apoia-se em um último princípio metafísico, para além da informação finita. Se o primeiro, então admite-se que a representação possa *eventualmente* constituir o representado (mas nem sempre, já que o mundo, o que lá seja, não é somente um sonho de um tolo significando nada).

Consequentemente, não apenas são verdadeiras as representações cuja falsidade não foi demonstrada, mas também são falsas tão somente as representações que não se constituíram ainda como verdadeiras. Demonstrar a precariedade do verdadeiro equivale a demonstrar, pelo avesso, a precariedade do falso. Se é impossível saber se algo é definitivamente verdadeiro, também o é saber se algo é definitivamente falso. Apenas pelo acordo das gentes, evidentemente.

Que dizer da minha sensação da verdade de uma representação? Isto: a minha sensação da verdade de uma representação é uma variante minúscula da sensação dos demais. Não fora assim, como se produziria o plebiscito das representações? Tenho a representação de que se formam acordos plebiscitários sobre representações. Ou bem considero que todas se equivalem como representações, ou seja, exprimem o precipitado da interação entre a sensação do que acontece e o acontecer da sensação, ou bem considero que alguma das representações se realiza em alguém de maneira distinta da que se realiza em mim. Não tendo esta última representação, eis-me diante da representação de que as representações se equivalem enquanto representações. O que são tais representações?

É necessário estar alerta contra a ilusão de que representações *expressam* brutas realidades objetivas. Representação cautelosa, alternativa a essa ilusão, sustenta que o sujeito se faz uma ideia de como a realidade *deveria* ser e, *então* representa a realidade como ela *precisa* ser para poder servir como premissa material, prática, a partir da qual se possa validar (tornar verdadeira) a inferência que conduz à conclusão descritiva de como a realidade deve tornar-se. A miríade de segmentos enigmáticos que compõem a objetividade amorfa é partilhada entre o que é representado como relevante ou irrelevante para o silogismo representacional. Conexões causais variadas são imputadas aos segmentos assumidos como representações constituintes da realidade. A realidade, então, é percebida ou representada como um certo estado de coisas (fatos, processos, fenômenos organizados segundo padrões específicos de relações), o qual requer cursos de ação desta e daquela natureza, seja para preservar esse mesmo estado de coisas, seja para transformá-lo em outro estado, antecipadamente representado. Um curso de ação é iniciado, portanto, com o objetivo de instituir um modo de realidade que sirva como premissa material necessária para a instituição de um novo (ou do mesmo) modo de realidade. Realidade-enquanto-premissa e realidade-enquanto-conclusão são os dois principais nexos associando representações (subjetividade) e mundo profano (objetividade).

O mundo não profano, aquele ao qual se tem acesso, é aquele mesmo que se apresenta como profano à representação em seu trabalho constituinte. É aquele que se apresenta como *dado*, paciente potencial da representação que o transforma em realidade-enquanto-premissa. De fato, entretanto, ele já é realidade-enquanto-conclusão, resultado agregado de inumeráveis cursos de ação derivados de silogismos representacionais heterogêneos, contraditórios, conflitantes. Em cada instante, o mundo é simultaneamente estado da natureza (objetividade hipoteticamente imaculada) e argamassa (matéria profanada); estado da natureza que *me* é externo, mas argamassa relativamente submissa às minhas representações. Mas, de onde surgem as representações?

A origem das representações é insondável, a menos que seja falsa esta representação: a de que a subjetividade humana é infinita, inesgotável e permanentemente irrequieta. Não tenho a representação de que a subjetividade humana, sua capacidade de imaginar, de representar, de inventar, tenha qualquer fronteira natural. Ela não está sujeita nem ao tempo nem ao espaço, apenas à morte. Enquanto viva, ela é absolutamente livre, em princípio, e portanto todas as suas limitações são contingentes. As representações não têm origem, acontecem; nem o mundo tal e qual gera a subjetividade, apenas resiste a ela.

Os dogmáticos creem no mundo, um mundo entrelaçado em si mesmo, contorcido, desinfetado. Os dogmáticos creem que veem o mundo cristalinamente, isentos, inocentes, especulares. Contra os dogmáticos discurso agora.

2

A ontologia social dogmática é naturalista. Por "naturalista" denoto algo bem distinto de "natural", o que passo a esclarecer. Tomar o mundo como natural implica negar que possua um "duplo" quase perfeito – seja no céu, na mente humana, ou, ainda, em algum semiflutuante universo de conceitos. Dizer dele que é natural equivale a dizer que é destituído de uma "alma" transcendente. Tudo que a ele pertence, ou é de alguma forma constitutivo dele, com ele coincide. O mundo social é naturalmente instituído por tudo e todos que o habitam, solidariamente.

Um dogmático naturalista, em adição desmesurada ao que é apenas natural, proclama a doutrina de que o mundo social é pura objetividade, sujeito a leis, mesmo que probabilísticas, ou a esquemas nitidamente classificatórios. Se a definição parece forte em demasia, e a ninguém compreende, sustento que é coerente com o fundamental princípio subscrito por qualquer naturalista ontológico – o princípio de razão suficiente.

Aceite-se como adequada a seguinte formulação do princípio: *nada existe sem uma razão pela qual deva existir, mais do que não existir*. O princípio exige, no mínimo, o compromisso com a hipótese de que tudo que existe no mundo social existe por força de algum tipo de necessidade retroativa – seja pela compulsoriedade de leis, seja por requisitos arquitetônicos de "estruturas", seja porque o que existe traz o antecedente embebido nele. Se nada existe sem uma razão pela qual deve existir, antes que não existir, sempre haverá algo cuja existência é condição essencial para sua própria existência. A razão da existência de algo pode ser, limitadamente, suficiente, mas a existência dessa mesma razão, enquanto tal, é necessária.

Existem dois meios pelos quais a existência de algo gera a existência de alguma outra coisa. O primeiro é quando leis estabelecem que, sempre que uma determinada coisa for o caso, uma outra coisa também será o caso. A interpretação estritamente probabilística da proposição não altera o que está fundamentalmente em discussão, ou seja, que a relação de necessidade, forte ou fraca, que governa o tecido social é imediata, isto é, dispensa a mediação da subjetividade dos atores sociais.

O meio alternativo de se entender a necessidade intrínseca ao mundo social, sem recorrer a leis, consiste em transformar as diferentes estruturas do mundo social (dispostas ou não ao longo de uma ordem de sucessão) em, digamos, configurações singulares necessárias. Em outras palavras, o formato segundo o qual uma determinada ordem social é instituída não obedeceria a nenhum grupo de leis, mas originar-se-ia de necessidades simultâneas, de acordo com as quais qualquer parte dessa ordem ocasionaria o surgimento de outras partes singulares e, reciprocamente, seria com igual simplicidade ocasionada pelas outras. Tal qual uma borboleta.

O marxismo constitui exemplo dos extremos a que o naturalismo ontológico pode ir, não apenas ao sustentar que a necessidade objetiva de cada formação social específica pode ser explicada racionalmente, mas também ao considerar que existem leis gerais que governam a transformação de umas em outras. Metaforicamente, os marxistas afirmam que estão preparados para explicar a necessidade da lagarta, a necessidade da borboleta e a necessidade da assombrosa transfiguração da lagarta em borboleta. Tal como Hegel acreditava ter feito.

Hegel representa a contrapartida "idealista", simétrica à versão "materialista", do naturalismo ontológico. Na sintaxe idealista não é a subjetividade pessoal que não encontra lugar no mundo, mas a subjetividade objetiva dos outros, tal como esta se revela no comportamento autônomo desses outros. Todas as subjetividades humanas não significam nada além de cegas manifestações empíricas, ou melhor, emanações estratificadas, de uma única subjetividade – a única que é a verdadeira, real e necessária objetividade.

A referência à variante "idealista" do naturalismo ontológico ajuda a salientar a relevância crucial do princípio de razão suficiente e a natureza da objetividade da ordem social que dele se origina. Não importa muito o que, em última instância, garante a objetividade da sociedade – se é "matéria" ou "espírito". Central para o naturalismo ontológico é o postulado da necessidade intrínseca que sustenta a integração da ordem social, e que é compartilhado por materialistas e idealistas. Em semelhante mundo só existe espaço para a liberdade privada – se é que existe algum espaço –, mas o impacto agregado do exercício dessa liberdade na *ordem* social existente seria, paradoxalmente, quase nenhum. É neste paradoxo que reside a irremediável vulnerabilidade do naturalismo ontológico dogmático.

O real enquanto tal é tão arcaico quanto arcano, tão secularmente elusivo quanto secular e ilusório objeto de sequestro. Sem embargo, um dogmático naturalista é um fideísta ontológico. Exemplarmente, Marx. "Do mesmo modo que em toda ciência histórica ou social, em geral, é necessário jamais esquecer, a propósito da marcha das categorias econômicas, que seu objeto, no caso a sociedade burguesa moderna, é dada, tanto na realidade, quanto no cérebro; que as categorias, portanto, exprimem formas de existência, condições de existência determinada, com frequência simples aspectos particulares dessa sociedade determinada, desse objeto, e que em consequência essa sociedade não começa de forma alguma a existir, *do ponto de vista científico também* [ênfase de Marx], senão a partir do momento em que se trata dela *enquanto tal* [ênfase de Marx]" (Introdução à *Crítica da economia política*; capítulo 3: "O método da economia política").

Esse *enquanto tal* em cativeiro metafísico é, mais intimamente, enquanto o seguinte: "na produção social de sua existência, os homens entram em relações determinadas, necessárias, independentes de suas vontades, relações de produção que correspondem a um grau determinado de desenvolvimento de suas forças produtivas materiais.

O conjunto dessas relações de produção constitui a estrutura econômica da sociedade, a base concreta sobre a qual se eleva uma superestrutura jurídica e política, e à qual correspondem formas de consciência social determinadas. O modo de produção da vida material condiciona o processo de vida social, política e intelectual em geral. [...] A um certo estágio de seu desenvolvimento, as forças produtivas materiais da sociedade entram em contradição com as relações de produção existentes. [...]. Então se inaugura uma época de revolução social. [...] Assim como não se julga um indivíduo pela ideia que ele faz de si mesmo, não se poderia julgar tal época de revolução pela consciência que ela tem de si; é necessário, ao contrário, explicar essa consciência pelas contradições da vida material, pelo conflito que existe entre as forças produtivas sociais e as relações de produção" (Marx, Prefácio à *Crítica da economia política*).

Sofisticadas hermenêuticas, que o sagrado solicita em abundância, iluminam com regularidade e mútuo desacordo por quais circuitos e transfigurações esse enquanto tal das forças produtivas fixa univocamente as relações de produção; estas fixam a superestrutura política, e esta, finalmente, as formas de consciência em etéreo vagar por entre forças produtivas, relações de produção, relações jurídicas de propriedade e uma que outra ópera de Verdi ou *vernissage* de Miró.

Surpreende que o dogmatismo naturalista, associado a radical realismo epistemológico, dos quais Marx é representante imperativo, não tenha sido exposto em sua aporia nuclear: se a ontologia é verdadeira, então a epistemologia fracassa, pois uma teoria científica do real torna-se impossível; inversamente, se a epistemologia é verdadeiramente eficaz, então a ontologia não é naturalista. O argumento a seguir é, contudo, antiescolástico, embora "aquiniano", estilisticamente.

A fonte primária de determinação da estrutura ontológica do social são as forças produtivas. Forças produtivas são, materialmente falando, o trabalho humano e os instrumentos da produção. Existe já uma relação obscura entre os dois componentes das forças produtivas, pois que, embora pareçam autônomos – e, em parte, o são, por isso mesmo que a força de trabalho, enquanto força produtiva, depende da dinâmica populacional, que independe dos instrumentos da produção –, estão de alguma forma ligados enquanto categorias econômicas, justamente porque a força de trabalho, enquanto força produtiva, se materializa mediante a divisão social do trabalho, e a divisão social do trabalho está associada, de modo igualmente confuso, aos instrumentos da produção.

A força de trabalho, enquanto força produtiva, está conectada à divisão do trabalho, e o trabalho só adquire concretude produtiva mediante a estrutura de ocupações em que ele socialmente se parcela. Em consequência, a força de trabalho, enquanto força produtiva, acompanha obediente a cissiparidade contínua da divisão social do trabalho. A divisão social do trabalho, em conclusão, incorpora em si parte do impulso primário de determinação ontológica do social.

Os instrumentos da produção são, tautologicamente, os instrumentos da produção, os instrumentos utilizados pela força de trabalho para produzir. O estoque disponível de instrumentos prefigura de algum modo a repartição da força de trabalho e, em alguma medida, define alguns eixos da malha da divisão social do trabalho. Outros eixos são definidos pela divisão social do saber. Nem todo mundo utiliza o mesmo instrumento de produção; nem todo instrumento de produção requer a mesma quantidade de força de trabalho; nem qualquer trabalho pode ser executado por qualquer indivíduo da força de trabalho. Parcelada a produção, como efeito da multiplicidade *heterogênea* dos instrumentos disponíveis, a produção mesma torna-se dependente da cooperação produtiva da força de trabalho, agora segmentada por conta da especialização dos instrumentos.

O perfil da divisão do trabalho, ocasionado pela variedade de instrumentos disponíveis, implica compulsoriamente específicos tipos de cooperação necessária para que a produção, afinal, se dê. Daí que a heterogeneidade dos instrumentos de produção (e não *grau* de desenvolvimento das forças produtivas, segundo a linguagem imprecisa de Marx) *condicione* a divisão social do trabalho e, por via desta, obrigue a alguma forma de cooperação da força de trabalho (cooperação imposta pelas complementaridades alternativas dos instrumentos da produção), a qual se designa de relações de produção. Relações de produção denotam, portanto, o modo de cooperação produtiva da força de trabalho, dada uma divisão social das ocupações, compatível com a heterogeneidade presente dos instrumentos da produção ou instrumentos de trabalho, e dada uma divisão social do saber.

Muito plausivelmente, as forças produtivas assim compreendidas fazem com que os homens entrem "em relações determinadas, necessárias, independentes de suas vontades", que são as relações de produção conciliáveis com o estoque de instrumentos da produção disponível e com a heterogeneidade que os caracteriza. Juntamente com a força de trabalho, portanto, os instrumentos da produção são a fonte primária da estrutura ontológica do social.

Se a conexão entre forças produtivas e relações de produção parece lógica, aquela que, por transitividade, se presume existir entre as relações de produção e as demais partes constitutivas da ontologia social permanece irritantemente absconsa. Em nome de que necessidade quase mitoteológica uma estrutura de cooperação produtiva, "relações de produção", determinaria uma e apenas uma estrutura jurídico-política com ela compatível, sem mencionar o sistema de propriedade, e esta, por sua vez, o conjunto finito de formas possíveis de consciência, é algo de intelecção bastante difícil. Apenas ilustrativamente: ao dizer "formas de consciência", Marx referia-se a *perspectivas* diferentes sobre a realidade ou a *conteúdos* parciais dessa mesma realidade, dispersos entre diferentes agentes?

Assuma-se, contudo, que a ontologia é verdadeira, em sua integralidade, e que todas as dúvidas sobre a transitividade determinística do sistema tenham sido plausivelmente esclarecidas. *Se assim o for, e precisamente por isso, uma teoria científica da história se revela impossível.* A fonte primária da estruturação ontológica naturalista, versão

Marx, são as forças produtivas. Forças produtivas são, à parte o trabalho humano, os instrumentos da produção. Ora, instrumentos da produção não são frutas colhidas em árvore, flores subtraídas a algum jardim natural, ou dádiva celeste inexplicável, armazenada em potes. Instrumentos da produção são o alfabeto e a gramática, são a linguagem tecnológica do conhecimento científico em circulação. Nem todo conhecimento científico, em cada momento histórico, está ou pode ser traduzido conforme a gramática tecnológica; mas toda tecnologia, todo instrumento da produção, embute parcela do conhecimento científico existente.

Se a tecnologia é ciência gramaticalizada, segue-se, inferência fatal, que a fonte do desenvolvimento das forças produtivas é o desenvolvimento do conhecimento científico, e que, sendo o desenvolvimento científico imprevisível, e sua tradução tecnológica igualmente indeterminada *a priori*, toda a evolução das forças produtivas se dá por acidente, sem roteiro rigoroso, sendo portanto o conjunto *futuro* das relações de produção, com suas respectivas superestruturas, insuscetível de antecipação, dado o errático da fonte contingente que lhes transmite necessidades transitivas.

É impossível, a não ser como retrodição, afirmar-se que o mundo feudal continha em germe o mundo capitalista. Se o que determinou o advento do mundo capitalista foi o desenvolvimento das forças produtivas, como a teoria postula, nada existe no mundo feudal que, inexorável, segregue o desenvolvimento do conhecimento científico, em primeiro lugar, e sua tradução tecnológica, *tal como se deu*, de modo a que o estoque de instrumentos da produção acumulados condicionasse uma específica divisão social do trabalho, de onde um padrão particular de cooperação produtiva, as relações de produção, e daí, por necessidade transitiva, todo o resto.

Sendo mais preciso: sim, é possível afirmar-se que o mundo feudal continha em germe o mundo capitalista, *assim como continha dezenas de mundos possíveis, inclusive ele próprio*. Mas não é correto afirmar-se, da existência atual e subsequente do capitalismo, que ele seria, necessariamente. Em juízos modais, da existência de *p* (o capitalismo) é possível legitimamente inferir-se que *p* é possível, mas é inválido inferir-se que *p* é necessário. Se *p* fosse necessário, então qualquer *não-p* (não-capitalismo) seria impossível. Mas, se não fosse possível que *não-p*, a que vieram as guerras napoleônicas, o Dezoito Brumário de Luís Bonaparte? A que veio, então, muito a propósito, a revolução soviética, exceto se a caracterização da Rússia czarista como capitalista é aceita? Mas, se se aceita semelhante classificação, torna-se impossível, na história russa, analisada conforme a ontologia de Marx, entender-se a passagem do pré ao capitalismo russo. Quando se terá dado?

Seja, agora, um sistema socialista. Se, em radical epistemologia realista, o sujeito apropria-se conceitualmente daquilo que é, enquanto tal, então o sujeito histórico do socialismo, o proletariado, encontrando-se no poder, avalia o estágio das forças produtivas, dispõe sobre objetivos a alcançar, dados os limites das relações de produção existentes, e busca ajustar estas últimas aos objetivos fixados. Conforme planejamento razoavelmente sensato, é até possível domesticar parte do processo do desenvolvimento científico e tecnológico e, por aí, direcionar parcialmente a expansão das forças produtivas. Seria o saber a serviço do progresso humano e da justiça, até a fase, longínqua, mas não intangível, em que cada parcela individual do contingente da força de trabalho decidiria, a cada dia, que posição ocupar na cooperação produtiva, isto é, nas relações de produção, enquanto a cozinheira do primeiro-ministro eventual dirigiria competentemente os negócios da sociedade (aqui jaz, morto, o Estado) e o processo produtivo.

Se assim o fosse, o radicalismo epistemológico estaria vingado, sem dúvida, porém às custas de sua ontologia. As relações de produção socialistas, a ser verdade a epistemologia, não indicam rigorosamente nada quanto à superestrutura, quanto à dimensão mais relevante da superestrutura – no caso, os conteúdos da consciência dos dirigentes, os quais vão fixar as metas da produção e orientar o desenvolvimento das forças produtivas, ajustando estas às relações de produção socialistas. Os instrumentos do trabalho passam a ser produzidos conforme os objetivos fixados pela superestrutura, entre os quais se encontra o de instaurar relações de cooperação produtiva conforme o *modelo* de uma sociedade justa e eficiente. Tudo isso na teoria, por certo, mas é precisamente sobre hipóteses que a argumentação se dá: ou bem o dogmatismo ontológico, versão Marx, está certo, e sua epistemologia perde o objeto; ou bem a epistemologia realista radical é procedente, e, nesta alternativa, a estrutura proposta para a ontologia do social se desfaz.

Escolher qualquer das pontas do dilema é dilacerante para um dogmático. Optar pelo iluminismo epistemológico obriga à adesão a uma ontologia plástica, submissa ao arbítrio, ou capricho, dos que determinam como a boa sociedade deve ser, uma vez que, platonicamente, quem detém o saber detém a virtude, ou melhor, é detido por ela e não pode obrar senão de acordo com o justo e com o virtuoso. Por definição doutrinária, quem sabe não erra, e, consequentemente, quem se opõe à decisão de quem sabe opõe-se, na verdade, à virtude. Um opositor ao poder é, por definição, um opositor à justiça e, pois, um criminoso.

Optar pela ontologia não é menos complexo. Enquanto sujeito de volições e representações, e por mais dolorosas e apaixonantes que sejam, cada indivíduo deverá manter-se em permanente e cartesiana dúvida. Quais de suas paixões e representações estarão conforme as conexões necessárias entre forças produtivas, relações de produção etc. e suas leis de transformação? Ou, ainda pior do que isso, sendo a ontologia do social tal como é, que diferença a consciência de cada um faz?

Há um problema não resolvido afetando todos os ramos do naturalismo ontológico: como reconciliar o reconhecimento da liberdade humana, no nível pessoal, com a ordem social regulada impessoalmente. De forma simplificada, o paradoxo pode ser lido assim: como é possível que da interação e agregação de uma multiplicidade de agentes *privados* livres emerja uma ordem *pública* rotineiramente legislada? Ou, figuradamente, como a soma de liberdades individuais produz uma espécie de escravidão social?

As várias tentativas de resposta não conseguiram ultrapassar os limites das acrobacias linguísticas. Desde a peculiar concepção hegeliana segundo a qual a liberdade é a consciência da necessidade, passando pela máxima de Engels de que o acaso não é mais do que o ponto de entrecruzamento de duas linhas de necessidade, até a esdrúxula concepção que vê a ordem social como sendo indeterminada no curto prazo, porém determinada no longo – nenhuma dessas concepções consegue resistir a minucioso exame. Ainda não foi provado ser possível sustentar que os seres humanos são livres e, não obstante, que o princípio de razão suficiente é verdadeiro em relação à ordem social.

Refutar o princípio de razão suficiente, em bases puramente lógicas, é difícil, e por isso mesmo que não existe critério para comprovar proposições contrafactuais. Quer dizer, se se oferece x como razão suficiente para y, e se de fato é o caso que, se x, então y, não se pode justificar logicamente a proposição de que ainda que x não fosse o caso, mesmo assim y seria o caso, exceto no sentido em que é inocuamente verdadeira a implicação cujo antecedente é falso – tal como no exemplo. Creio, de qualquer modo, que o argumento a seguir é relevante.

Eis Leibniz: o princípio de razão suficiente é aquele "em virtude do qual consideramos que nenhum fato poderia ser verdadeiro, ou existente, nenhum enunciado verdadeiro, sem que exista uma razão suficiente para que seja assim e não de outra maneira" (*Monadologia*, parág. 32). A isso segue-se uma cláusula fantástica: "Ainda que essas razões, com frequência, não nos possam ser conhecidas" (*id.*, *ibid.*). O princípio se aplica a verdades de fato, contingentes, não necessárias, e sua exegese admite uma espécie de pluralismo possibilista. A ver.

Que algo exista como *resultado* de algo que o faz ser antes que não ser, esta é uma genuína possibilidade. Outra é a de que algo exista como *resultado* de algo, tão só – e isto também é uma possibilidade. Que algo seja a *razão* de existência de outro algo ou que algo exista como resultado de algo e que, *por isso*, o segundo algo seja a *razão* de ser do primeiro algo, mais do que não ser, são também possibilidades razoáveis. Mas também é genuinamente possível que algo exista como resultado de algo, sem que, por isso, o segundo algo seja a razão de ser do primeiro, nem que, na ausência do segundo, o primeiro não fosse.

Entre várias possibilidades, o princípio de razão suficiente parece adotar a possibilidade da necessidade da contingência: *a conexão de fato entre* x *e* y *é contingente, mas alguma contingência é necessária e qualquer contingência é suficiente, tanto assim que* y *é o caso, seja a contingência qual for*. Confesso timidez e cautela no argumento a seguir, mas suspeito que algo não convence, no princípio, ou convence desmesuradamente.

Supor que algo é suficiente como razão de algo, em verdades de fato, exige a suposição suplementar de que é possível saber, a respeito de qualquer coisa, tudo que é possível saber sobre ela. Senão, a menos que *y* existisse em mundo do qual fosse o único habitante, ademais de *x*, que o antecedeu, como saber, dada a concomitância de inúmeros *x*, qual *x* terá sido o contingente suficiente para a existência de *y*? Ora, saber tudo que é possível saber sobre algo, e afastada a omnisciência, equivale a conhecer a extensão de tudo aquilo que se desconhece. Saber tudo sobre algo é a mesma coisa que saber tudo sobre o não saber, paradoxalmente.

O paradoxo de conhecer a extensão da própria ignorância contamina o íntimo da volúpia racionalista. Pascal, por exemplo, fala de uma "ignorância sábia, que se conhece" (*Pensées*, artigo V: "A justiça e a razão dos efeitos"). É possível saber que se ignora, e também que se ignora algo em particular, mas não é possível saber *tudo* que se ignora. Sobre isto não existe conhecimento, apenas especulação.

Ou, então, é o mero fato da ignorância que é conhecido e, por isso, nada se sabe sobre as razões de coisa alguma. É este o significado, sem a mesma radicalidade, da fantástica cláusula de Leibniz de que as razões suficientes não nos podem ser conhecidas. Se bem traduzo, a cláusula reformula o princípio: se algo existe de fato, alguma razão haverá para isso. Com efeito, mas o princípio torna-se vacuamente metafísico, já que se perde qualquer compromisso com o estatuto ontológico ou epistemológico da razão de algo.

Suponha-se, agora, que não exista qualquer coisa *singular* que seja suficiente para a existência de qualquer outra coisa singular. Suponha-se mais que, no limite, tal como será em Schopenhauer, mas como já o é também em Leibniz (*Monadologia*, parág. 36), a razão suficiente de algo é o conjunto completo de todas as mediações (estados do mundo) que não continham anteriormente esse algo (*Monadologia*, parág. 37). Se este é o caso, então o princípio não pode ser fundamento de raciocínio, senão retrospectivo, e sem valor discriminante. Por exemplo: para todo x, x implica o conjunto antecedente de eventos e enunciados que não contenha x. Como fundamento de raciocínio, esse x a partir do qual se infere qualquer coisa ou é o *falsum*, uma contradição, ou o conjunto vazio, o nada. (Em Leibniz, é Deus. *Monadologia*, parágs. 38-9.)

Existe um mundo *possível*, contudo, no qual o princípio de razão suficiente é transcendentalmente legítimo, ou seja, no qual ele é a própria condição de possibilidade de dar razões e, por isso, conforme Schopenhauer, não pode ser demonstrado sem que se recorra a ele mesmo. É o mundo do contínuo ordenado e denso. *Vox Leibniz*: "Poder-se-á, portanto dizer de algum modo, e em bom sentido, ainda que afastado do uso comum, que uma substância particular não age jamais sobre outra substância particular, nem é agida tampouco, senão quando se considera que aquilo que acontece a cada uma não é mais do que uma sequência de sua ideia ou noção completa tão somente, pois que esta ideia compreende já todos os predicados ou acontecimentos e exprime todo o universo. [...] e todos os nossos pensamentos e nossas percepções futuras não são senão séries ou sequências, ainda que contingentes, de nossos pensamentos e percepções precedentes, de tal modo que, se eu fosse capaz de ponderar distintamente tudo que me acontece ou me aparece nesta hora, eu poderia aí ver tudo aquilo que me acontecerá ou aparecerá para todo o sempre" (Leibniz, *Discurso de metafísica*, parág. XIV).

Em um universo ordenadamente contínuo, causalmente laplaciano, o princípio é profana e transcendentalmente legítimo. Legítimo e vertiginoso, pois em tal universo a série causal é vítima de uma regressão ao infinito (a razão suficiente de qualquer coisa é, ela própria, em virtude do princípio, efeito de alguma outra razão e, assim, regressivamente), regressão só interrompida pelo postulado de uma razão fora da série causal, causa das causas, razão das razões, ou seja, Deus. O universo do contínuo, para ser inteligível, exige intrinsecamente o postulado de uma transcendência supra-humana.

Seja, porém, possibilidade alternativa, um universo rarefeito, repleto de ausências, farto de vazios de significações, esgarçado, descontínuo e, finalmente, apenas quase ordenado, às vezes nem mesmo quase, com frequentes transgressões aos requisitos de transitividade e de completude. Por exemplo, um mundo no qual, embora *a* seja preferido a *b*, e *b* a *c*, não se siga sempre que, então, *a* seja preferido a *c*. Nesse mundo, gêmeo possibilista do mundo humano, o princípio de razão suficiente é excessivo.

Em mundo sem transcendência, o princípio de razão suficiente ou é vacuamente metafísico – onde há fumaça, há fogo –, ou é o *falsum*, ou bem indica *tão somente a ausência de razão conhecida para que as coisas sejam de outro modo*. Mas dizer que *x* é a *razão* de *y* é bastante distinto de afirmar que não se conhece outra razão pela qual *y*. É necessário, contudo, interpretar com radicalidade a contingência do mundo humano.

Conceber uma ontologia social distinta da ontologia naturalista dogmática requer o socorro de um princípio radicalmente diferente. Denominado de princípio de razões e efeitos contingentes, formula-se assim: tudo aquilo que existe poderia, *pela mesma razão que existe*, não existir; tudo aquilo que existe por alguma razão poderia existir por alguma outra razão. Embora o princípio pareça intelectualmente irresponsável, longe disso estará a verdade, como pretendo argumentar a seguir.

Enquanto a prova de que y segue-se necessariamente a x não se torna disponível, permanece como possibilidade teórica que *não-y*, não z, mas *não-y*, pode seguir-se a x. Eis um exemplo pedestre concreto: durante o tempo em que uma irrefutável teoria da revolução socialista não se firmar, todas as várias condições (x) sugeridas para explicar sua emergência (empobrecimento absoluto da maioria da população, queda de renda do operariado após relativo progresso em período imediatamente anterior etc.) podem ser igualmente concebidas como condições geradoras de seu contrário (*não-y*), isto é, contrarrevoluções autoritárias ou francamente fascistas. Para exemplo mais sofisticado reflita-se sobre a tendência, quase lei, da taxa de lucros a cair (x) e sobre os y a que tem dado lugar.

O princípio sem dúvida autoriza toda sorte de apostas teóricas e de utopias. Mas o que há de errado nisso? Um apostador teórico, se é selvagem, se é um especulador inescrupuloso, é ele próprio o único a arriscar tornar-se um tolo – risco a que não são alheios os que se devotam estritamente ao princípio de razão suficiente. Quanto às consequências sociais maléficas que teóricos lunáticos provocariam, no caso de aliciarem ponderável contingente de seguidores, recorde-se o fato de que usualmente tais "lunáticos" não pedem licença a nenhuma academia antes de iniciar cruzadas de convencimento. Isto em primeiro lugar. Em segundo, que se há de dizer dos males patrocinados por teorias tais como a da superioridade da raça ariana, ou a da existência de um socialismo científico, ou a de que o progresso econômico requer autoritarismo político – todas com mais ou menos estabelecida reputação entre ontológicos naturalistas?

O princípio de razões e efeitos contingentes é um princípio de liberdade intelectual, cuja legitimidade não pode ser comprometida aprioristicamente. Os adeptos da razão suficiente como um princípio regulador do correto raciocinar só o refutam pela reafirmação transcendental dogmática de seu próprio princípio. *A posteriori*, todas as teorias apoiadas no princípio da razão contingente permanecerão plausíveis enquanto não exista prova experimentalmente irrefutável de que são definitivamente falsas. Contudo, enquanto um caso suplementar subsista para exame, sua falsidade definitiva não estará estabelecida – o que é um modo de dizer que nenhuma teoria social terá sua falsidade definitivamente demonstrada antes da exaustão da história. Até lá ninguém poderá legitimamente assegurar que o que está por vir não trará evidência de que algo que existe por alguma razão por esta mesma razão deixou de existir, ou de que algo que existe por certa razão por alguma outra razão passou a existir.

O ceticismo moderno, na extensão em que o ceticismo é a crítica radical do naturalismo dogmático, adquire coerência mediante o princípio da razão contingente. Se é vedado afirmar, em qualquer tópico, que uma proposição é definitivamente verdadeira, também se está impedido de sustentar, em matéria social, *e pelas mesmas razões*, que uma proposição é definitivamente falsa.

Se não existem princípios cuja existência é *a priori*, relativamente às ações individuais, e as explicam, a que então se deve a representação de que existe uma regularidade social? A ontologia social estruturada segundo o princípio de razão contingente explica a representação *a posteriori* de uma regularidade social como resultado do exercício de um comportamento rotineiro ou ritualístico – cujo aprendizado e disseminação não importam aqui –, e *não* como a consequência de qualquer espécie de necessidade. O aparente determinismo, ou a alta previsibilidade, do macroagregado social não consiste em nada além da adição de milhares e milhares de comportamentos individuais rotineiros e ritualísticos. Da premissa não se segue, entretanto, que o agregado de certo tipo de rito não produza, *ex-post*, regularidade. Mas é o rito que produz a regularidade, não o inverso.

Da plausível razão para a regularidade das coisas e seres, sempre sociais, retorna o enigma de Heráclito a solicitar resposta: como devemos então entender mudanças? Aqui, justamente aqui, é que a humana liberdade revela-se integralmente compatível com as regularidades, lá onde elas existem. A fonte da dinâmica social chama-se *poiesis*, invenções demiúrgicas autoradas por magníficas transmutações processadas pela subjetividade humana. Esta é a ontologia social alternativa ao naturalismo ontológico. A substância de qualquer sociedade não habita em lugar algum para além de seus contemporâneos atributos constitutivos, submissa a leis ou classificações botânicas. A substância de uma forma social consiste em sua própria forma, que exprime *ritual* e *poiesis*. Não existe nada a partir de que o esboço atual da sociedade possa ser predicado. Como um poema, seu conteúdo primário é sua própria forma.

3

A epistemologia do dogmatismo naturalista é antilibertária. Fundamentalmente, o caráter antilibertário de uma epistemologia dogmática reside em uma concepção latente de que a verdade é um sistema, quer dizer, na concepção de que existe um conjunto de proposições cujo valor de verdade depende da relação entre cada uma delas e a matéria a que se aplicam respectivamente e, mais crucial, depende também das corretas conexões entre as proposições elas mesmas. Verdades particulares necessitam integrar-se umas às outras como condição para que a verdade total possa ser captada e expressa. Somente na medida em que um sistema de verdades parciais é ele próprio verdadeiro é que a verdade de cada proposição particular estará garantida.

Esta é, com certeza, uma concepção de antiquíssimas origens. Aristóteles, por exemplo, acreditava que o fundamento do valor de verdade de seu *Organon* repousava sobre a *justificativa* que sua *Metafísica* proporcionava aos primeiros princípios da lógica. Descartes, ao início da Idade Moderna, e em conflito com a ortodoxia escolástica, estava absolutamente seguro de que o desenvolvimento da geometria analítica, seu principal feito, derivava-se necessariamente de sua física, quando não de seu método. No século passado, por fim, Marx representa outro exemplo bem conhecido de um teórico crente em que, à arquitetura necessariamente integrada do *objeto* do conhecimento, deveria corresponder um sistema conceitual de proposições que se reforçam mutuamente. Em outras palavras, assim como a cada tipo de infraestrutura material corresponderia uma formação social específica, coroada pelas instituições políticas a ela adequadas, do mesmo modo as leis da economia seriam progenitoras do único conjunto de concepções políticas e sociais compatíveis com as primeiras.

Esse racionalismo libidinoso, ainda mais do que voluptuoso, justificava-se até meados do século XIX, momento em que o anseio por completude começou a ser afinado em nova clave. Para um racionalista do século XVI, o problema epistemológico básico envolvia a descoberta de firme ponto arquimediano, fora da revelação religiosa, a partir do qual, e com a exclusiva ajuda da razão, isto é, da lógica, um discurso sensato sobre o mundo pudesse ser elaborado. Após a descoberta desse ponto, todas as proposições sobre a realidade – qualquer segmento da realidade, ou ela por inteiro – não estariam sujeitas a disputa, *enquanto todas fossem válidas derivações lógicas umas das outras.*

A interpretação substancialista da natureza do raciocínio lógico, oposta à minoritária tradição nominalista, sustentou a crença do racionalismo do século XVI em que, se um discurso é logicamente correto, ele deve ser, por essa mesma razão, materialmente verdadeiro também. Compreensivelmente, se qualquer uma das proposições particulares se revelasse falsa, todo o edifício sistemático, acreditavam, ruiria.

É essa presunção racionalista-substancialista que penetra a tradição totalizante dogmática até aproximadamente meados do século XIX. Então, opera-se importante mudança, em consequência de duas linhas de desenvolvimento teórico. Uma refere-se ao impacto da crítica kantiana aos poderes putativos e megalomaníacos da razão, ao sugerir dúvidas sobre se estamos falando mesmo sobre o mundo ainda quando (ou melhor, precisamente quando) nos submetemos às regras da lógica. Um dos resultados da crítica kantiana foi garantir a legitimidade da hipótese de que é possível a alguém ajuizar o mundo semicorretamente sem estar logicamente consciente disso. Ainda pior, também é plausível a hipótese de que as ideias de alguém podem estar corretas (não importa agora de que nuance do que é ser correto se trata aqui) em relação a uma parte do mundo e incorretas em relação a outra parte desse mesmo mundo – tal como os filósofos germânicos da história irão concluir no século XIX. Em resumo, após Kant, ninguém mais poderia viajar pelo mundo material, de um ponto a outro, com a ajuda exclusiva da lógica.

Do lado racionalista, as especulações adquiriram uma nuance diferente, concluindo pela reafirmação do impulso epistemológico totalizante, devido, contudo, a uma presunção exatamente oposta à do velho racionalismo dogmático. Não é a sistematicidade da lógica que garante o caráter integrado da realidade verdadeira, mas antes é a articulação necessariamente sistemática da realidade que valida, ou não, a estrutura de conceitos interconectados. Hegel foi posto de cabeça para baixo, ou para cima – como lá diz o ditado –, e chegamos, entre outros, ao Marx anteriormente evocado segundo este diapasão.

Naturalmente, a elaboração de um método era imperiosa, mas este seria um método domesticado pelo desenrolar e evoluir da própria realidade, e não ao contrário. Em sua ausência, estar-se-ia exposto à possibilidade de compreender adequadamente uma parte da realidade e, não obstante, completamente equivocado quanto ao resto. Qualquer proposição particular verdadeira era candidata a ser contaminada por asserções falsas e tornar-se, por assim dizer, semiverdadeira ou imperfeitamente verdadeira. O caráter de completa veracidade de qualquer proposição dependia contingentemente de possuir as corretas conexões com as demais proposições igualmente verdadeiras. É reveladora, por exemplo, a obsessão com que Marx persegue, em suas notas sobre *Teorias da mais-valia*, essas "verdades imperfeitas", em autores antigos ou dele contemporâneos – a teoria do valor-trabalho de Locke sendo exemplar aqui –, a fim de demonstrar como a "imperfeição" sempre decorre de algum "pecado subjetivista" que teria impedido o autor de perceber a adequada conexão objetiva entre as "verdades imperfeitas" e as outras.

Em qualquer caso, seja guiado pela lógica intrínseca do mundo, conforme a tradição "materialista", ou pela obediência às regras que governam a autoinstituição do espírito, ou da razão, como a tradição "idealista" sustentaria, o dogma epistemológico permanece o mesmo: o caráter objetivo da verdade é derivado de sua natureza totalizante e sistemática. Nenhuma verdade particular é autônoma em relação ao sistema ao qual pertence. Ou bem o sistema completo de proposições é verdadeiro, ou então qualquer proposição singular é, de fato, apenas "imperfeitamente verdadeira". *E nisso consiste o objetivismo radical que constitui uma das duas raízes da epistemologia dogmática antilibertária.*

A segunda raiz se expressa no critério que permite distinguir uma proposição singular verdadeira de uma proposição singular falsa, quando ambas não são proposições meramente ostensivas, nem podem ser resolvidas nestas últimas. Se se pergunta o que garante a veracidade de uma proposição, em independência da condição de que é logicamente compatível com o sistema ao qual pertence, a resposta quase que invariavelmente reduz-se à *intensidade* com a qual o emissor da proposição *sente-a* ser verdadeira. De um modo geral, o argumento em favor da epistemologia dogmática antilibertária repousa em um apelo à história. O drama social deveria proporcionar a última palavra em qualquer discussão teórica quanto à validade de uma proposição particular, quando a sistemática elegância lógica é rejeitada como evidência legítima. A história do futuro decidirá da validade de proposições no passado. Se o desenvolvimento das forças produtivas, ao atingirem os limites institucionais de um específico modo de produção, *provoca* uma ruptura deste e a instauração de novo modo de produção capaz de propiciar o continuado desenvolvimento das forças produtivas, é válida, *hoje*, se "o desenvolvimento das forças... etc. *provocar* etc. etc. etc.".

Se é a história do passado que valida a proposição no presente, contudo, então como se há de interpretar a história sem utilizar precisamente o mesmo sistema de proposições em julgamento? História, como evidência, jamais será conclusiva em uma disputa sobre história, enquanto teoria. O único escape para um epistemólogo dogmático é a oferta do *sentimento de certeza* que acompanha *suas* ideias sobre o mundo social. *E este é o subjetivismo radical constitutivo de qualquer epistemologia antilibertária e o que a torna especificamente dogmática.*

Radical objetivismo e subjetivismo radical, pois, são as duas raízes das quais emerge a epistemologia dogmática antilibertária. Nenhum lugar, em semelhante mundo, para a dúvida, o experimento, e ainda menos para a invenção. Ou bem se vê e sente a luz da verdade objetiva, ou então...

Ou, então, feitiçaria. Bruxos e feiticeiros são dogmáticos epistemólogos, veículos do princípio de razão suficiente extremado ao delírio. Nada existe sem alguma razão, diz o princípio, em sua versão sobriamente civilizada; tudo que não acontece ou não existe também não acontece ou não existe, acrescenta em transe o feiticeiro, por alguma razão. Amuletos, adereços, ritos, onomatopeias são receitas de intervenção em sistemas de causalidades que operam por associações de contiguidades metonímicas ou por mimeses teleológicas, isto é, por imitação prematura de um desenlace desejado. Nenhuma descontinuidade entre as sociedades arcaicas e as sociedades modernas, neste particular, exceto pelo radicalismo das primeiras. Frazer e Malinowski andaram mais próximos da verdade do que Hubert-Mauss e todos os sociologizantes e antropologizantes seguidores dos dois últimos.

Se o evento *y* ocorre, ou se ele não ocorre, terá sido pela interveniência de algum outro evento que, às vezes, é possível reduzir a controle tecnológico. Condição necessária para a produção de *y*, ou, alternativamente, para obviar sua ocorrência, é a reconstrução da cadeia de mediações metonímicas que, elo a elo, revelam o percurso antecedente até a razão originária do evento ou de sua ausência. Para tornar inteligível essa cadeia, e nela interferir, é que se recorre a bruxos e feiticeiros. São eles que, leibnizianos em delírio, jamais duvidam de que, para tudo que existe, existe uma razão não casual correspondente. Assim como para tudo que não existe (outra vez Leibniz, *Discurso de metafísica*, parág. XIV).

Entre parênteses, e ourivesarias etnográficas à parte, bruxaria é sinônimo de feitiçaria e não se refere a nada distinto no sistema universal de causas por contiguidade metonímica. A diferença entre bruxaria e feitiçaria é assim como a distinção entre cartola e chapéu-coco: possuem estilos individualizados, mas compartem o privilégio de que ambos não servem para coisa alguma.

Aliás, as teorias sobre feitiçaria se apresentam, elas próprias, com alguns atributos de bruxedo: a obsessiva certeza de que cada caso de ritual de feitiçaria detém sua própria razão suficiente, de que cada segmento ou aspecto singularíssimo do ritual é saturado de significado específico, e de que é necessário um saber especializado para decifrá-lo, a cujo acesso se interpõem barreiras iniciáticas; uma linguagem esotérica de encantamento e exorcismo. As teorias sobre magia, bruxaria e feitiçaria são elas próprias prisioneiras do princípio de razão suficiente sob sua forma delirantemente endiabrada.

O trâmite da feitiçaria à ciência, quero dizer, àquela hodiernamente institucionalizada, não exigiu rupturas sucessivas e sucessivas substituições de paradigmas senão em um código específico de metaforização. Em relato perante a academia, qualquer semiantropoide kafkiano está qualificado para sustentar que existe transparente continuidade entre feitiçaria e ciência, garantida pelo princípio de razão suficiente e caracterizada tanto por *gradativa obsolescência de associações metonímicas desnecessárias, isto é, de associações por contiguidade concreta*, quanto pela codificação de associações abstratas publicamente reconhecidas.

E, de fato, o *progresso* da feitiçaria à ciência registra *redução* no número de *razões* para eventos e fenômenos, eventualmente *substituições*, mas raramente *acréscimo*. A paisagem dessa trajetória é desoladora, antes que exuberante: renúncias, perdas, abandonos, despovoamentos, ostracismos – de explicações e de explicadores – tornam a expansão criadora da ciência responsável pela hecatombe que sucede ao cálculo que a orienta: a economia de causas. O mundo da ciência é mais ralo em sistemas de causalidades do que o mundo da feitiçaria. É também mais impessoal, e acessível a cliques, antes que a poucos indivíduos.

Nem por isso, contudo, a feitiçaria passou a privilégio dos ignorantes. Ela é fundamentalmente um recurso de poder de sábios e de sacerdotes da razão, qualquer razão. Códigos enigmáticos de linguagem, ritos de iniciação, veladas ameaças de pragas e maldições, sedutoras promessas de bem-aventurança, tudo se associa na ensandecida busca de razões, a maioria das quais possivelmente não existe. Mas o sábio, por profissão, pensa que as pressente.

4

O atributo mais adequado à concepção dogmático-naturalista sobre a origem do agregado *ordem social*, a partir de interações parcelares, é o cinismo. Este não é um juízo pura ou primariamente moral, mas, antes de tudo, uma avaliação da teoria dogmático-naturalista quanto à dinâmica responsável pela constituição da sociedade como uma complexa estrutura de relações socioeconômicas e políticas.

Como sempre, o impulso insopitável do dogmatismo é para radicalizar, radicalização que aqui se localiza na definição naturalista dos motivos que orientam os seres humanos em suas interações múltiplas. *Interesse* seria a força açambarcadora a conduzir os indivíduos na viagem através do mundo socioeconômico. Interesse por riqueza, poder, prestígio, contido por nenhuma outra paixão ou valor, seria o fator explanatório do mundo em que se vive, tal como ele é.

Se nenhum contrapeso interno existe para manter os interesses individuais dentro de limites, então as barreiras que circunscrevem o que um indivíduo faz, ou obtém, são construídas externamente, ou seja, pela materialização de outros interesses, de outros indivíduos. Aquilo que os outros fazem modela a realidade com a qual cada um terá de lidar, tendo por objetivo satisfazer seus próprios interesses. Ser humanamente racional, neste caso, significa adotar uma estratégia de expediência: buscar a autorrealização em um contexto estruturalmente dado, no qual cabe a cada indivíduo, obedecendo às regras estabelecidas, obter o máximo do melhor, fazendo o uso mais eficaz possível de suas faculdades de inteligência, perseverança e astúcia.

Se uma derivação plausível da teoria aponta para a defesa da liberdade e da iniciativa individuais em busca de autorrealização, sem necessitar de licença de autoridades, outra é a de que não será permitido a ninguém imputar a outrem, exceto se por violação de regras, a responsabilidade por sua estação na vida. Nem a comunidade em geral nem qualquer indivíduo em particular podem sequer ser acusados de parcialmente responsáveis pelo que acontece a cada membro da sociedade. Cada ser humano, em solitário e permanente jogo de xadrez contra o destino, será considerado o exclusivo autor da miséria ou do esplendor de sua condição.

Como é então imaginável que, de uma competição generalizada e anárquica a propósito dos bens disponíveis, surja uma *ordem* social, na ausência de coação? A resposta liberal naturalista corresponde a uma fantasia, consideravelmente revista em sua segunda versão. A primeira versão assevera que cada indivíduo apreenderia, no mesmo processo em que se comporta como selvagem, que as perdas que pode sofrer, ou, alternativamente, que a instabilidade de seu ocasional sucesso, recomendam moderação ao demonstrar seu impulso aquisitivo, na presunção de que um comportamento sóbrio e recatado conduziria pedagogicamente os outros a imitá-lo. Assim, ainda um interesse, conquanto mais refinado, domaria outros interesses, tendo em vista uma realização pacífica de todos eles.

A fuga da anarquia mediante um cálculo subjetivo das paixões não é, de forma alguma, solução adequada para o enigma da geração da ordem. O argumento subsequente divide a solução proposta em duas partes: uma trata do cálculo subjetivo das paixões; outra, da pressão pedagógica objetiva que o resultado de tal cálculo pode impor aos demais.

O cálculo subjetivo das paixões é uma reminiscência da teoria da justiça de Glauco, no segundo livro da *República* de Platão. Trago este ponto ao argumento não porque seja um item interessante na história da genealogia das ideias – embora também o seja –, mas principalmente porque na teoria de Glauco fica translúcido o que está ausente no cálculo das paixões, para torná-lo eficaz como uma explicação *positiva* da institucionalização da ordem social.

O argumento de Glauco se desenvolve aproximadamente como a seguir. Justiça, diz ele, é algo melhor definido por aquilo que alguém proíbe a si mesmo de cometer do que por qualquer ação que efetivamente execute. O que impede um ser humano de exercer o mal, embora possa ser bom para ele, é sua lembrança de que, sendo o seu bem quase sempre um mal correspondente para outros, estes outros o tratarão mal, reciprocamente, enquanto buscam o seu próprio bem. E, aqui, introduz-se a brilhante e radical nuance do cálculo de Glauco. Importa muito menos, de acordo com ele, a quantidade por assim dizer objetiva de bens que alguém pode usufruir mediante a prática do mal a outros do que o igualmente presumido *mal objetivo* que ele obtém em troca. Os corações e mentes humanos são construídos tão egoisticamente que a memória de um mal padecido, independente de quão pequeno ele possa ter sido *objetivamente*, fará qualquer um sofrer incomparavelmente mais do que a quantidade de felicidade derivada dos bens conquistados, sendo desimportante o fato de que a última possa ser considerada objetivamente bem maior do que o primeiro.

O cálculo das paixões é radicalmente subjetivo, significando que é insensato metaforizar um *trade-off* entre um grande bem, injustamente obtido, e o preço em sofrimento a ser pago por ele (digamos, um roubo bancário de 1 milhão de dólares em troca de *x* anos de prisão). Conversamente, é por igual insensato referir-se à disposição de aceitar certa quantidade de injustiça quando se a compara com a quantidade de bens cujo usufruto ou consumo ela permite. É esse *trade-off*, porém, que está subjacente à concepção liberal naturalista da distribuição original dos direitos de propriedade. Não existe, todavia, qualquer medida comum às duas espécies de paixão e, portanto, *não existe modo de agregar cálculos subjetivos de paixões individuais e obter, como resultado, uma ordem social racionalmente desapaixonada.*

Antes de indicar a vulnerabilidade essencial da teoria de Glauco, vou considerar a parte pedagógica da solução liberal-naturalista para a anarquia selvagem constituída pela multiplicidade de egos em colisão. Por que, indo retamente ao ponto, deveria qualquer um desses egos interesseiros abdicar de seus impulsos aquisitivos apenas porque alguém o fez? De fato, é do interesse de cada um deles que todos os demais desistam de buscar satisfazer ilimitadamente os seus interesses, justamente como condição para que cada um possa realizar seus interesses completamente. Qualquer renúncia unilateral ao egoísmo por parte de alguém ensinará aos outros, se ensinar alguma coisa, não a imitar o comportamento comedido, mas precisamente o oposto, isto é, que é agora em seu melhor proveito ser tão egocentrado quanto jamais. Não se pode ser um altruísta em um universo de egoístas com a esperança de que estes seriam persuadidos pelo exemplo. De fato, o exemplo nem mesmo um exemplo seria, mas antes um convite a que todos se conformem ao que sua hipotética natureza requer. É óbvio que estou afirmando que o cálculo subjetivo das paixões não é capaz de solucionar o problema da ação coletiva tão somente pela via da exemplaridade de comportamento.

O cálculo subjetivo das paixões não esclarece a possibilidade da existência de uma ordem social, gerada pela competição selvagem entre egos expansionistas, e isto por duas razões cruciais. Primeiro, porque o suposto combate entre interesses, ainda que verdadeiro, para efeito de argumentação, somente explicaria o que os indivíduos se abstêm de fazer, elucidaria o que eles não fazem, mas nada ainda teria sido dito em relação ao por que os seres humanos fazem o que de fato fazem. Como é que indivíduos, em face de diferentes cursos de ação que *podem* adotar, escolhem justamente aquele que terminam por trilhar? A menos que os liberal-naturalistas estejam dispostos a postular a existência de um único conjunto de comportamentos que não são potencialmente explosivos, uma explicação *positiva* do por que as pessoas fazem o que fazem em suas relações econômicas e sociais ainda está por ser elaborada.

Claramente, insistir em que os indivíduos perseguem seus interesses até o limite em que isto não provoque retaliação é insuficiente, pois ninguém pode antecipar, apoiado em um apriorístico cálculo subjetivo das paixões, onde se encontra traçada a linha divisória. Conforme o cálculo, nada senão a ameaça de retaliação dos outros conteria a expansão de qualquer ego aquisitivo particular. Seria pois compatível com o cálculo satisfazer seu próprio interesse até extremos limites, caso não haja ameaça de retaliação, e mesmo ao preço da destruição de outros. O que impede a materialização desse resultado é justamente a resistência que os demais são capazes de acumular. Mas este é um conhecimento *ex-post*, cuja fonte não é a teoria mas a experiência da tentativa de satisfazer maximamente o interesse. Assim, a teoria nos deixa às voltas com um mundo de anarquia predatória e selvagem, cujo perfil, a cada momento, seria contingente da dinâmica hobbesiana da guerra universal de todos contra todos.

O cálculo subjetivo das paixões fracassa como solução para o problema da ordem social por conta de uma segunda razão, associada à lógica da ação coletiva. Mesmo admitindo a possibilidade de que um ou vários membros de uma comunidade possam autopersuadir-se, sustentados em um cálculo *a priori* das paixões, a abdicar de radicalismos na perseguição de seus interesses, a constituição de uma ordem social permaneceria como enigma. Com efeito, semelhante comportamento abnegado traria um estímulo adicional ao apetite dos "lobos" remanescentes. A menos que por alguma espécie de revelação sobrenatural todos os membros da comunidade concluíssem, ao mesmo tempo, que atenderiam melhor a seus verdadeiros interesses se não se deixassem seduzir pelo que não são senão seus aparentes melhores interesses. Se este fosse o caso, porém, a humanidade estaria por certo muitíssimo bem vigiada e cada um de nós poderia dispensar qualquer tipo de teoria sobre o funcionamento da ordem social.

A segunda versão da teoria liberal-naturalista se exprime na fantasia da milagrosa mão invisível. Explicações pela via de espontâneas e operativas mãos invisíveis estão em moda uma vez mais, muito embora sem a prístina inocência que ainda empresta certa sedução aos seguidores da teoria no século XVIII. Naquele então, assumia-se que de algum modo a multiplicidade de interesses egoísticos sempre descobre um meio de os tornar mutuamente complementares, antes que reciprocamente destrutivos. O conflito é, naturalmente, larvar, às vezes até se desenvolve, mas a cooperação *também* é possível e, ao que parece, existe um mecanismo de ajustamento que orienta certos tipos de interesses no sentido de buscar e, finalmente, encontrar suas naturais contrapartidas. À medida que cada conjunto de interesses vem a esposar a noiva prometida, após lúdico jogo de esconde-esconde, o resultado agregado é a maravilhosa constituição de uma ordem social que, sendo as coisas como são, deveria ser feliz para todo o sempre.

Essa ingênua avaliação das complexidades envolvidas na criação de uma ordem social pressupunha a existência de um "duplo" do mundo real. Existiria um mundo – o qual seria logo chamado de "sistema econômico", tal como representado pelo sistema conceitual dos economistas – tão elegantemente racional que suas puras proposições possuiriam força suficiente para prevalecer sobre as impurezas e acidentes que caracterizam a aventura humana material, na experiência de viver comunitariamente. A mão invisível administraria os problemas, desde que os seres humanos fossem suficientemente humildes para reconhecer como "irracional" ou desviante todo comportamento incompatível com as equações da teoria econômica. A racionalidade da ordem social exigiria como refém a submissão individual ao monopólio econômico-mercantil do significante "racional", e à ideia de que qualquer coisa na vida em desacordo com os requisitos do monopólio deveria ser considerada "impura" ou acidental. Desnecessário dizer, e para desfortuna da teoria, a maior parte da vida de todos nós, seres humanos, assemelha-se perfeitamente a um monturo de acidentalidades e de impurezas.

Explicações contemporâneas por via da mão invisível pretendem ser mais realistas, abandonando a ideia de uma harmonia geral na sociedade, mas ao mesmo tempo preservando o naturalismo, contido na presunção de que tudo que existe pode ser retroativamente traçado a uma interação original entre jogadores interesseiros e racionais. Reconhece-se que o mundo está longe de ser perfeito, mas se assevera que qualquer intervenção humana, a fim de aprimorá-lo, de fato o tornaria ainda pior.

Ao contrário de criticar as explicações contemporâneas, prefiro voltar a Adam Smith e revelar como uma explicação plausível da geração da ordem social, via competição entre egoístas, pode ser derivada de suas premissas (de Adam Smith), sem recorrer às hipóteses das teorias contemporâneas.

Tudo de essencial já está compreendido na famosa declaração de Adam Smith de que nosso bem-estar não depende da boa vontade do açougueiro, mas de seu interesse. Isto significa, em primeiro lugar, que a permanente azáfama do mundo social revela um processo empírico no qual diversos egos interagem em sôfrega busca de maximizar suas agendas privadas de preferências. Para alcançar sucesso, cada um necessita dos demais como *meios* para sua própria realização como ser autônomo. Por simetria de racionalidade interesseira, o outro só consentirá em servir como *meio* se o primeiro for ele próprio um *meio* para que o segundo também se realize como ser autônomo. Grossamente expressa, a reciprocidade de interações instrumentais ensina: o açougueiro deseja enriquecer, eu desejo comer bem e barato. Para isso, necessito que ele me veja como um meio para atingir sua riqueza – e por isso sirva-me bem, preenchendo minha agenda, autonomamente escolhida por mim –, pois esta é uma condição *indispensável* para minha afirmação como um ser autônomo, ou seja, capaz de formular e realizar desejos.

Se o açougueiro me tomasse como *fim*, e não como *meio* para realizar seus próprios fins, trataria de maximizar *meus* objetivos, não os dele, e, por exemplo, seria capaz de transferir seus melhores produtos para mim, gratuitamente. Esse mundo instantaneamente maravilhoso, contudo, existiria por tanto tempo quanto fosse possível ao açougueiro financiar o *meu* consumo. Ao final da benevolência radical, e após a falência do comércio, eu não seria capaz de obter produtos nem a custo zero, nem a custos razoáveis, *nem a qualquer custo*. Para ser o sujeito de meus desejos, preciso ser tratado como meio, não como fim, e o mesmo é verdade para o açougueiro (se eu transferir toda minha renda para ele, ao fim e ao cabo o mercado de consumidores se extinguirá e, com ele, o mercado de produtores).

Após a disseminação da divisão social do trabalho, e da ideologia do interesse maximizador, a única possibilidade de alguém tornar-se sujeito e um fim para si mesmo é ser tratado instrumentalmente pelos outros. Esta é a perversa dialética entre meios e fins, sujeito e objeto, em matéria social, *dialética que revela o segredo da ordem mercantil. O que limita a expansão de qualquer ego aquisitivo é a capacidade de outro ego tomá-lo como meio, não como fim. Destruir sua capacidade de tratar-me como meio implicaria a impossibilidade de realizar-me como sujeito autônomo.* É a essa dialética perversa que chamo de cínica, a cuja adoração dedica-se o liberal-naturalismo.

O naturalismo dogmático é um código simbólico que se apresenta como mimético. Mascara-se ao se afirmar como reflexo do real e exagera ao afirmar que todo real nele se contém. Falso. Discurso agora sobre os limites do naturalismo e sobre a constituição complexa do *pluriverso* social.

5

Por ser o mundo social humanamente fabricado, fazê-lo é aprendê-lo imanentemente. Assim o quer Vico. Por ser o mundo social humanamente fabricado, justo por isso, é que é fatal em parte desconhecê-lo, em parte ignorá-lo, e em outra parte ainda encontrá-lo espantoso. A humanidade o faz, é certo, mas, *poiesis* e *ritual*, nada suspeita do que está fazendo. Ilusa, quando esperta crê na própria sapiência, fabrica o reverso, ou o mero diverso, de sua própria fábula. Enfim, quando cada qual ajusta o feito ao programado, a soma de múltiplos acertos não somente soma, mas transmuta. Com frequência, a repetição do veramente feito não é o fato. Em verdade, raramente o fato é individualmente feito. Daí o reduzido conteúdo cognitivo da ação social humana, e o fantasticamente complexo estatuto ontológico da ordem, a exigir uma epistemologia desconsoladamente incompleta, sinfônica, que se desdobra em metaepistemologias sucessivas. O que se segue, pois, por inevitável, sem capricho ou disfarce, é um discurso palimpséstico sobre a abundante miséria do objeto.

A começar pela gênese ontoepistemológica da ordem social, distinga-se entre o indivíduo, enquanto agente constitutivo da ordem material – aquilo que para qualquer outro indivíduo é estado da natureza –, e o indivíduo enquanto sujeito do conhecimento, aquele que se representa o estado da natureza, tanto no momento anterior quanto durante o momento mesmo da ação com que constrói o mundo. Fosse o mundo social dotado de simplicidade, esta seria compreendida por uma malha de quatro possibilidades, pelo entrecruzamento de dois pares de alternativas, a saber: ou bem os agentes sociais com efeito fabricam ou não fabricam a ordem social, tal como ela se apresenta coagulada em qualquer momento do tempo; e ou bem os sujeitos cognitivos interferem ou não interferem na instituição da ordem, enquanto objeto de conhecimento.

Graficamente disposta, em trivial tabela estatística dois por dois, a malha de possibilidades ontoepistemológicas apareceria assim:

		AGENTES	
		SIM	NÃO
SUJEITOS	SIM	A	B
	NÃO	C	D

Dizer que os agentes, no plural, criam a ordem social, ou não, refere-se à possibilidade de que a *interação* entre eles, de acordo com o que convencionam fazer, produz como consequência precisamente o que cada um, em particular, desejava obter como resultado da interação. Não se trata, portanto, nem da hipótese de que os agentes criem, individualmente, um estado de coisas sociais, nem que o estado de coisas sociais seja o resultado de outra coisa que não a ação humana. Em radical sentido, a ordem social é, e não pode deixar de ser, criada pelos agentes. O mistério está em como a *interação* humana a cria.

Enquanto sujeitos de conhecimento, qualquer observador de uma ordem social qualquer é ao mesmo tempo sujeito, consciente ou não, de uma metarreflexão sobre o modo de acesso eficaz, ou, eventualmente, mandatório, a essa mesma ordem. Imaginar-se passivo diante de um objeto que se revelará, em si, a ele, desde que sua atividade cognitiva restrinja-se a decifrar o que há de essencialmente característico dele, objeto, define uma metarreflexão possível. Outra consiste em supor que, no processo mesmo de intelecção do objeto – *pour mémoire*, objeto que se esgota nas interações entre os agentes sociais e nas consequências dessas interações –, o sujeito elabora um sub-rogado do que seria o objeto original, por alguma razão diretamente inacessível, e, então, conhece.

Por suposto, o que cada indivíduo faz, enquanto agente social ou sujeito de conhecimento, aparece aos demais como opacidade, como estado da natureza, independentemente do que o indivíduo em questão creia quanto à eficácia criadora de sua ação, ou quanto a sua metarreflexão sobre si próprio enquanto sujeito de conhecimento. Em qualquer caso, as possibilidades ontoepistemológicas da ordem social, simplicissimamente considerada, distribuem-se pelas quatro celas acima dispostas.

A possibilidade *A* refere-se a um mundo social enquanto tradução, isto é, um mundo instaurado voluntariamente pelos agentes sociais, estritamente conforme seus arquétipos, mas que ao mesmo tempo só se deixa descobrir ao conhecimento de qualquer sujeito particular pela imputação de sentido ou de intencionalidade. Todos os determinantes últimos da ordem encontram-se na subjetividade de cada um dos agentes, e a subjetividade humana não é diretamente acessível a ninguém senão ficcionalmente. A possibilidade de um conhecer que ambicione a algum modo de compartilhada objetividade repousa sobre o potencial de convencimento e persuasão que uma particular cirurgia conceitual na ordem coagulada possua. A ordem social desdobra-se, assim, em dupla tradução: a tradução dos arquétipos dos agentes em processos materiais (transcendentes a cada um dos indivíduos) e a tradução dos processos materiais em presumido conjunto de significações.

Uma segunda possibilidade *B* consiste na suposição de que a ordem material se constitui a despeito da vontade, ideias, conceitos ou preconceitos dos agentes sociais – não é, portanto, uma tradução material do que vai nas mentes e nos corações dos indivíduos –, mas é ainda assim opaca ao conhecimento, em sua materialidade espessa. Impossível seria a reprodução conceitual das conexões regulares entre eventos mundanos, e tal por simplicíssima razão: não existiriam conexões regulares entre eventos, apenas associações contingentes, circunstanciais, que não estão incluídas, ainda mais, na pauta de expectativas de qualquer dos agentes. Por esse motivo, embora os agentes não sejam os autores deliberados da ordem material, e embora existam associações entre eventos que independem da mediação da subjetividade humana, inexiste a promessa de um conhecimento inteiramente objetivo de uma ordem que, embora transcenda o indivíduo enquanto agente social, não o transcende como sujeito de conhecimento, enquanto objeto deste.

A descoberta de um sujeito que cogita gerou a esperança fáustica de um conhecimento asséptico, isto é, não contaminado pela volubilidade dos sentidos, ou pela imperfeição destes, nem das paixões. O mundo *aí*, qualquer mundo, seria acessível à curiosidade humana e, se dotado de regras que o tornassem inteligível, estas seriam descobertas, cedo ou tarde, como resultado infalível do *método* apropriado. Em face da ordem social coagulada, tal sujeito deveria desvendar seu mistério sob duas modalidades alternativas. Na primeira delas, ordem social de tipo C, ele próprio, sujeito, em nada interferiria na constituição da ordem, enquanto objeto de conhecimento, mas os agentes individuais, sim, seriam autores responsáveis pelos processos coagulados existentes. A capacidade humana de produzir sua própria circunstância em nada comprometeria sua outra potencialidade – a de ver-se neutra e objetivamente. A única presunção indispensável para tanto seria a de que a humanidade produzisse regularidades, além de acasos.

Enfim, a apoteose iluminista. Um sujeito discreto, em face de um universo confiável, sóbrio, cujo comportamento, não obstante ser o resultado agregado de sem-número de minúsculas erupções despropositadas, permanece isento das neuroses que são apenas e demasiadamente humanas. Esta é a possibilidade D, na qual os processos coagulados, muito embora *vicamente* fabricados por mortais artesãos, escapam-lhes aos desígnios, à vontade e à expectativa. Processos proprietários de autonomia legislativa capazes de transformar seus prévios constituintes em pósteros e constrangidos delegados. Os indivíduos, em D, façam o que façam, fazem cumprir, como Édipo, um mandato que lhes pertence, mas que os transcende. A ordem coagulada em D é análoga à ordem ficcional mimética de Aristóteles, na qual o desenlace dos processos independe do desígnio das personagens e os eventos se sucedem não apenas uns depois dos outros, como nas crônicas, mas uns por causa dos outros.

Enquanto em A e B o sujeito do conhecimento imputa, em C e D ele revela, ao mesmo tempo em que, como agente social, em A e C, cria a ordem, que lhe é, todavia, fugidia em B e D. Cansados metafísicos, frustros na investigação da medida comum a contraditórios, decretam a morte material da ordem que abominam conceitualmente. Contudo, cada qual experimenta, em seu afazer, a sensação de pertencer às diversas dinâmicas.

Seja, por exemplo, A. Quando alguém pode produzir algo, alguém é a causa desse algo. Ao contrário de uma causa física, todavia, que não pode estar presente sem gerar o efeito que lhe é correspondente, a causalidade de que falo é somente potencial e só se materializa por vontade do agente causador. Paternidade/maternidade, por exemplo, e em consequência delas uma estrutura de relações sociais derivadas do sistema de parentesco prevalecente. Há todo um conjunto de relações materiais, isto é, cuja definição de conteúdo transcende indivíduos particulares, que é todavia criado, tal como existe, por estrita deliberação de um agente. Ser ou não avô, mais ou menos submisso ou desviante (e estes fenômenos são já objetos de estudo construídos) às normas associadas a tal posição, é uma circunstância e um processo deflagrados pela definição e ação de alguém. Esse segmento da ordem é rigorosamente criado pela iniciativa dos agentes sociais. Ao mesmo tempo, para entendê-lo, enquanto sujeito de conhecimento, é obrigatória a imputação de sentido, a construção de sistemas ditos de parentesco, a presunção de normas que tornam inteligível a realidade gerada. Nos pequenos grupos das sociedades industriais, assim como no parentesco; nas seitas religiosas, assim como nos pequenos grupos; nas quadrilhas organizadas de violadores das leis, assim como nas seitas religiosas. Em todos, os agentes criam o real, o sujeito produz o objeto.

Suponha, agora, a ordem *B*, isto é, aquela na qual o indivíduo enquanto agente o é de modo cego, inocente do que em sequência se dará de fato, embora feito. Para tornar mundo tão inconstante menos fútil, o mesmo indivíduo, ou outro, enquanto sujeito de conhecimento, inventará figuras de retórica ("a ética protestante") além de escandalosos oximoros ("o espírito do capitalismo"). Exigente de ordem, de disciplina e concatenação mesmo precária, o sujeito ultrapassará o *agente*, ao postular sucessos contingentes, nos quais não percebe senão vácuos, ou melhor, infinitas possibilidades equiprováveis. Um agente social em *B* é um relutante defensivo, quanto à iniciativa da ação, e um moderado fatalista, quanto ao enredo do mundo. O que se passa é o que se passa, e é impossível saber por que assim se passa. Um sujeito de conhecimento em *B* considera que assim se passa porque se passa assim, isto é, como ele, sujeito, o representa, embora também pudesse ter-se passado diferentemente, ou melhor, embora *possa* ter-se passado diferentemente mesmo, em duas ou três versões.

Traumática que seja a compossibilidade simultânea (a redundância é absolutamente necessária) de duas ou mais versões da mesma sequência coagulada, ela é todavia vital para a sobrevivência da comunidade, enquanto comunidade, na representação dos agentes, enquanto sujeitos de conhecimento, em circunstâncias cujo estatuto é o de inegável objetividade natural. Imagine-se um agente desejando *s*, mas não *t* e *u*, e crendo que, pelo menos, se *p*, então ou *t*, ou *r*, ou *s*, e que, se *q*, então ou *u*, ou *r*, ou *s*. De onde, se *s*, então ou *p*, ou *q*, pelo menos. A cláusula "pelo menos" é relevante porque, no evento, a sucessão contingente deveu-se a outra possibilidade, a saber, dado *w*, então ou *s*, ou *t*, ou *u*. Por acaso, foi o caso que *s*. Porém tal o agente desconhece, e o sujeito de conhecimento também, que poderá atribuí-lo, sem erro, mas sem propriedade no evento, ou a *p* ou a *q*. Em realidade, que o sujeito do conhecimento seja compulsoriamente um fabricante de persuasão deve-se mais radical e basicamente ao capítulo I da gênese de *B*, no qual se aceita que, se *p*, ou *q*, ou *w*, ou... *n*, ..., então qualquer coisa.

A licenciosidade da ordem em *B* é menos catastrófica do que o esqueleto simbólico sugere. Se expresso sob a forma de juízo negativo (se não *p*, ou *q*, ou *w*, ou... *n*, então..., então qualquer coisa), o capítulo I de *B* candidata-se a considerável bula de proibições, as quais, inócuas enquanto concausas do que especificamente desejavam obter ou evitar (a salvação? o fogo eterno?), produzem *a despeito dos agentes, e tal como poderiam ter produzido um número desconhecido de outros efeitos*, algo que no evento representou-se como benéfico. Efeitos que são essencialmente subprodutos ao término de um percurso oblíquo, e cuja preconcepção pode até abortar seu advento, são efeitos permanentemente subproduzidos em *B* e identificam a específica indeterminação que a caracteriza.

Se, em *B*, tudo é sempre criado pelos agentes, não como transmissores de alguma legislação antecedente, mas por obra e graça de decisão autônoma, e, malgrado tanto, nada do que como efeito é fato o é por essa mesma decisão, sendo sempre distinto do querido, em *C*, por seu turno, o que é de vontade se torna matéria, como em *A*, e, ao contrário de *A*, transparente ao sujeito de conhecimento, que a tanto aspire.

Fabricar o real é, possivelmente, inelutável. Fabricá-lo conforme a erotizada razão privada é, quase certamente, difícil, melhor, dificílimo. Que um coágulo de realidade seja, então, a réplica exata de múltiplas *voluntas* complementares, coordenadas ou não, e ademais transparente ao *cogito* de um sujeito que, enquanto agente, faz e, enquanto conhece, é feito – que..., tudo o anterior, é inconcebível. Se é inconcebível, e justo porque é inconcebível, *pace* Parmênides, muito provavelmente existe.

Em *C* as interações humanas se dão conforme códigos mutuamente conhecidos e acordados, o grau de ambiguidade de comportamentos individuais é rigorosamente (ou quase) nulo, e o produto final resultante da interação, que a induziu, todavia em primeiro lugar, como seu *telos*, é surpreendentemente, para o sujeito de conhecimento, não para os agentes, muito próximo daquilo que os agentes pretendiam. Por isso, ao se desdobrarem os agentes de C em sujeitos de conhecimento em C – sujeitos que não pertencem a A ou B, portanto –, sujeitos de conhecimento em C, pois, conhecem C.

Conhecem simultaneamente ao fazer, porque o feito não discorda do desejado e o desejado comanda o agir. Vico mora em C, como Weber mora em B, como Hobbes mora em A. Em C o sujeito de conhecimento tem acesso direto às relações entre eventos, em suas regularidades e desvios, sem recorrer à ficcionalização da subjetividade humana ou ao construtivismo abstrato, porque a recorrência dos processos é tudo que é necessário saber sobre eles. Se alguém deseja saber qual o significado de um ritual de casamento, então deverá necessariamente construir um objeto que cubra casamentos de distintas religiões e distintos ateísmos, sem que o modelo corresponda precisamente a qualquer ritual em particular. Se deseja porém saber o que antecede um ritual de casamento, isto é, aquilo que antecede qualquer ritual do gênero, então o *significado* do ritual pouco importa. Quando o que se busca conhecer são recorrências, a objetividade coagulada é suficiente, pois até a subjetividade humana é recorrente, entre uma insubordinação e outra.

Se os seres humanos são cegos agentes de uma legislação que os transcende e domina, *mesmo quando a conhecem*, e se tudo que fazem transfigura-se em algo por ninguém desejado previamente, embora reconhecidamente conforme as regras do *se, então*, e se, por fim, tudo pode ser conhecido individualmente, sem construções ou mágicas, então, repito, então a ordem material (no caso, *D*) é como se fosse um objeto galáctico, só que muito próximo. Entre o sujeito de conhecimento e o agente social, conquanto idênticos, interpõe-se a mesma distância que existe entre um astrônomo e sua estrela mais companheira. Ao agente, enquanto traço no mundo, está vedado qualquer poder artesanal sobre o que o circunda. Tudo que faz transforma-se, muta-se, escapole. A esse mesmo agente, travestido de sujeito de conhecimento, aparecem os segredos da ordem, a revelar por que o que lhe parecia estranho e inesperado absolutamente não o é. De pouca valia, contudo, é tal saber, pois o aplicá-lo depois não produzirá exatamente o que desejava, mas outra coisa, que lhe é inapreensível outra vez, enquanto agente, e cristalina outra vez, enquanto sábio.

O ser humano vive dilacerado em *D*: enquanto agente social, nada sabe; enquanto sujeito de conhecimento, nada pode. Digo, com Aristóteles, que isso é trágico; mas digo, contra Aristóteles, que a razão da tragédia é humana, não divina. A cooperação obriga à interdependência, e a interdependência exponencia a indeterminação, a imprevisibilidade. Quanto maior o número de projetos em associação, maior a probabilidade de que nenhum seja bem-sucedido. Ignore-se a associação voluntária e a tragédia não desaparecerá só por isto. *Porque em* D *a tragédia maior é não poder evitar ser parceiro e não saber quantos são, quem são ou onde estão os parceiros compulsórios de uma tarefa ao mesmo tempo comum e solitária.*

É em *D* que a capacidade humana de validar contrafactuais transparece melhor. Considerem-se as estruturas lógicas das profecias que se autocumprem (e o mesmo vale para as profecias que se autonegam), típicos processos coagulados em *D*. "O banco não vai falir; mas, se o banco falir, eu deveria retirar todo meu dinheiro; o banco vai falir (contra a primeira premissa, a qual é verdadeira), logo, eu vou retirar meu dinheiro." Quando um número *n* de indivíduos assume o mesmo contrafactual e age de acordo com ele, o contrafactual (um possível) torna-se verdadeiro (real): o banco abre falência. Efeitos não antecipados, participantes costumeiros da experiência de cada qual, e uma das principais características de *D*, são, majoritariamente, contrafactuais validados pela ação humana, a despeito de intencionalidade.

* * *

A estrutura hipotética de *A*, *B*, *C* e *D* revelou que por essas ordens sociais espalhavam-se processos familiares, argumentos sabidos de cor, problemas imemoriais. Por ser fabricado, o mundo social não é por isso menos intrincado, uma vez que pode ser variadamente fabricado, em primeiro lugar, e variadamente conhecido, ou não. Lá diz o poeta que o mundo é vário e bem o diz: vário e variadamente vário, e a tal ponto que agora, justamente agora, vou revelar a ti, leitor, a fonte da tua e da minha ignorância cotidiana, aquela a que educadamente chamei, várias páginas atrás, de reduzido conteúdo cognitivo da ação social humana. *A ação social humana é pouco eficaz, em geral, porque existe elevada probabilidade de que se oriente conforme uma representação inadequada da dinâmica na qual o indivíduo está instalado.*

Ensinaram os antigos que é boa sabedoria identificar a ignorância que se possui. Ou, pelo menos, a fonte dela. Sábio, em matéria social, é aquele que sabe *por que* não sabe. Minimamente, requer-se a um noviço que admita a possibilidade de que a ordem social coagulada seja vária, sob a mortiça aparência de similitude, e que por isso mesmo os seres humanos, *qua* agentes sociais, vivam nas trevas. O saber ilumina, mas a vida é tato.

Se fabricar o mundo é inelutável, errar é fatal. A ignorância é ingrediente inerradicável do comportamento humano, e, muito embora o universo da ignorância seja por definição infinitamente mais amplo que o universo da sabedoria, é profilático esboçar uma de suas possíveis fenomenologias primitivas. É tempo de interlúdio, pois, e de ilustrar algumas das mais importantes estruturas elementares da ignorância.

6

A ordem social é repetitiva, tediosa, obsessivamente regular, incluindo-se nela a violência e as misérias de cada dia, porque é, na quase totalidade de seus microprocessos constitutivos, rotineira. Ao mesmo tempo, essa mesma ordem espanta, surpreende e assusta, em sua monumental imprevisibilidade, porque suas microrrotinas constitutivas, processos materiais coagulados, não obedecem às mesmas lógicas. Processos materiais que são veículos de dinâmicas heterogêneas parecem confraternizar na mesma irmandade causal. Figuras de metáfora em conflito – se for permitido usar a figura de retórica "figuras de metáfora" – circulam com a mesma valência e estimulam sua tradução simultânea em registros simbólicos mutuamente repulsivos. A gelatinosa estabilidade da superfície da ordem resolve-se em uma babel ontológica, no coração da qual habita a desordem epistemológica. De onde os elementares equívocos que dão origem aos sucessos de cada dia.

A tragédia epistemológica humana é uma só, embora suas manifestações fenomenológicas sejam perdulárias: a tragédia de instaurar o subverso, o diverso pelo menos, do que supõe instaurar. Por isso é trágico, não necessariamente triste, infeliz ou desesperador. Observe Adam Smith, por exemplo, ou qualquer outro visionário bem-sucedido. Ao metaforizar a ordem social como uma espécie de mecanismo newtoniano autorregulável, ajustamento promovido pelo que foi alegorizado como "o princípio da mão invisível", e ao persuadir crescente número de agentes sociais a instaurar tal ontologia, por via de leis, compulsões e rotinas enfim estabilizadas, Adam Smith instalava-se por inteiro em uma ordem de tipo A – aquela na qual os agentes interferem decisivamente na constituição do mundo e, enquanto sujeitos de conhecimento, semi-inventam, mais do que passivamente refletem, essa mesma ordem ou mundo, enquanto objeto de representação. Contudo, Smith supunha-se confortavelmente assentado em um mundo de tipo D, isto é, entretinha a ilusão de que a ordem definia-se ontologicamente independente dos desígnios dos agentes sociais e que ele, Smith, apenas relatava, como fiel testemunha, as circunstâncias do caso.

Tratar processos de tipo A como se fossem D, mesmo depois que assumem a figura fenomenológica de C – isto é, quando os agentes ainda produzem a ordem, mas o rotineiro da produção aparece como pura objetividade ao observador –, tomar A por D está na origem de enorme quantidade de equívocos, tanto dos agentes quanto dos sujeitos de conhecimento. O equívoco de que a maximização do bem-estar coletivo resulta da maximização do interesse de cada indivíduo é um deles. Mas não é porque a compatibilização entre ambos é diferente do que supunha a economia clássica que tal equívoco é elementar.

A raiz do equívoco consiste em que, enquanto a lógica individual foi naturalmente instaurada conforme a estrutura de *A*, as peripécias do agregado dessas micrológicas submetem-se à dinâmica de tipo *D*.

Marx, outro visionário, identificou na ordem capitalista várias dinâmicas de tipo *D*. Por exemplo, o trágico mecanismo que traduz a racionalidade privada de cada capitalista, ao produzir mais e mais, na irracionalidade sistemática da superprodução. Dogmático naturalista, entretanto, não se sensibilizou para a trajetória fantástica de uma ordem social cuja gênese se encontra em *A* e que, pela coagulação material, pela rotinização de vários de seus processos constitutivos, alguns destes se instalam em *B* – rotinização do carisma, por exemplo, sendo esta mesma expressão um construto do sujeito de conhecimento –, outros em *C* – a recorrência de movimentos salvacionistas –, e ainda outros – a mencionada oposição entre racionalidade privada e pública – em *D*. Marx só teve olhos para *D*.

Ou, então, Vico, o qual, ao contrário de Marx, só tinha olhos para *C*. O agente social aprende enquanto faz, e porque faz, e até a distinção entre agente social e sujeito de conhecimento se desvaneceria. Que o agente, sendo a causa imanente da ordem social, cria por isso mesmo a condição de possibilidade do conhecimento é uma intuição profunda; mas não é um axioma que a condição de possibilidade do conhecimento, o fazer, seja condição *suficiente* para o saber. Todos os processos em *D* são, frequentemente, ignorados pelos agentes individuais, e tomá-los como processos de tipo *C* é temerário.

Imagine-se um eleitor que decide não votar, na presunção de que um voto não faz diferença, tendo em vista a suposta distância entre a posição de seu candidato e a dos demais, e que este raciocínio é repetido por todos os eleitores potenciais do candidato. O resultado será diferente; mais ainda, o oposto do desejado pelos eleitores. Em suma, ponderável número de processos interdependentes, cujo resultado depende da agregação não linearmente aditiva de comportamentos similares, escapa ao conhecimento de cada um dos agentes que, conjuntamente, os fabricam.

Enfim, nesta galeria de ilustrações, erra-se ao se confundir C com B. Tome-se o modelo do homem racional, calculista, maximizador, extremamente bem comportado no modelo construído – e por isso a ordem racional é uma ordem construída, enquanto objeto de conhecimento –, e que é postulado como apropriada descrição dos seres humanos, enquanto seres humanos, destituídos tão somente, pelo modelo, de seus apetites irracionais. O ser humano é tal e qual o modelo maximizador o descreve, e algo mais. O modelo não o inventa, nem ele próprio se inventa. Se ele não se inventa, menos ainda ao real, resultado este que é da interação entre agentes racionais maximizadores (e algo mais), e só por coincidência não significativa é conforme aos desígnios de alguns dos mortais.

Tal como em D, o mundo em B, sugere o modelo racional, é essencialmente fortuito, conquanto inteligível, já que fortuito aos agentes, mas inteligível ao sujeito de conhecimento. Ao contrário de D, todavia, o mundo em *B* só é inteligível mediante operações de construtivismo conceitual, hábeis na depuração dos detritos de passionalidade que, ocasionalmente, fazem com que o comportamento da ordem divirja milimetricamente ou centimetricamente do curso de ação previsto pelo modelo. Essencial, entretanto, na distinção entre *D* e *B* é que, enquanto em *D* a eventualidade de uma diferença entre o que o sujeito de conhecimento afirma e aquilo que os indivíduos cegamente produzem retroage sobre o *sujeito* e invalida sua teoria, em *B* a responsabilidade pela divergência é atribuída aos agentes, cativos talvez de gênios malignos, e incapazes de obrar conforme a reta razão.

De outro ponto de vista, contudo, é possível ver *B* como *C*, ou seja, ver a ordem social maximizadora assim *instituída* pelos agentes sociais, processo a que o sujeito tem acesso isento, precisamente porque não compartilha de suas premissas, que nada têm, definitivamente, de natural. O modelo da escolha racional, ao contrário, postula a ordem maximizadora como ontologicamente natural, incumbindo ao sujeito derivá-la, por construção, do modelo apropriado.

A ignorância ilustrada privilegiou autores ou doutrinas como os sujeitos de conhecimento, sendo os demais apenas agentes. Em realidade, sujeitos e agentes são sempre e sempre uma e uma só pessoa, em sua dupla capacidade de sábio e fabricante, a agir reflexivamente no mundo em que vive. Existe, com certeza, quem saiba mais algo disto do que aquele, ou mesmo quem saiba bem mais disto do que aquele daquilo, e isso é perfeitamente natural e perfeitamente sem qualquer importância, em face da desordem epistemológica fundamental. *Os seres humanos são desiguais perante a ignorância, visto que a ignorância é ubíqua, múltipla, porém heterogênea, e este vero fato os irmana na ignorância de como se distribuem as diversas modalidades de ignorância por entre os semelhantes. O saber é democratizável; a ignorância, não.*

Confusos entre lógicas distintas, a bordo de dinâmicas intrinsecamente a contrassentido, matrizes compulsórias de hermenêuticas sem fundamento, éticos, contrafactuais em carne viva, artesãos e artefatos, vagueiam os seres humanos por entre rotinas que, embora rotinas, nem por isso são mais compreensíveis, permanentemente solícitos a rituais cujo sentido é espesso, opaco. *Por isso, o conteúdo cognitivo da ação social humana é ridiculamente ínfimo.*

Ademais, na carência de uma harmonia preestabelecida, vige humanamente o princípio da mão invisível do caos, gerador do acaso, do imprevisível, do maravilhoso e do horrível, de origem vária. Por exemplo, da interação entre processos simbólicos e processos materialmente coagulados; da interação entre dois ou mais processos simbólicos; da interação entre dois ou mais processos materialmente coagulados; da interferência, finalmente, de um espirro individual no desenrolar de um processo simbólico ou materialmente coagulado (ah! o emplastro de Brás Cubas!). As estruturas elementares da ignorância não são elementares porque são poucas, mas porque são simples.

O número de ignorâncias irredutíveis é, ele próprio, ignorado. A razão dessa simples ignorância é igualmente simples: se o mundo é fabricado, e ele o é, cada invenção adicional, cada metáfora eficaz, cada rotina estabelecida, multiplica por um algarismo exponenciado o número de mediações, conhecidas e desconhecidas, entre tudo o que já existe. Se é verdade que o universo físico está em expansão, então quando os sábios chegarem à sua fronteira, descobrirão, a sério, o pavor da ignorância, que se estenderá gigantescamente a cada infinitésimo expandido.

Os seres humanos vivem desde já, em comunhão, na fronteira de si próprios. Por isso, a cada ano-treva, a ignorância humana progride desmesuradamente, por causa da inacreditável acumulação no comércio entre coisas sociais, entre seres, e entre coisas e seres. O sujeito de conhecimento das interações sociais é mais sábio do que o sujeito de conhecimento das interações físicas, ou estritamente lógicas, pela razão elementar de que ignora mais. E agora complemento a definição de sabedoria anteriormente iniciada: sábio é aquele que sabe por que não sabe. Os seres humanos não são sábios porque, socraticamente, sabem que nada sabem; os seres humanos são sábios porque sabem por que não sabem o que não sabem e porque sabem que não sabem a extensão de tudo que não sabem.

7

Por ser o mundo social humanamente fabricado, os mundos *A*, *B*, *C* e *D* são ordens compossíveis e incomensuráveis. Por compreender ordens compossíveis, o mundo social profano – compósito enigmático dessa mesma compossibilidade – admite cursos de ação contraditórios; e, afinal, por serem as ordens constitutivas incomensuráveis, nenhuma representação geradora de proposições bem formadas pertencentes a qualquer uma das ordens – e que são, em consequência, verdadeiras ou falsas nessa mesma ordem – é passível de tradução consistente em qualquer outra ordem. A contradição material mora no mundo; no fluxo das representações, só sob forma metafórica.

A contínua fabricação do mundo profano dispensa arquiteto especial, projetos teleológicos ou cálculos aléficos. Cursos de ação heterogêneos quanto a fins, meios e consequências coexistem por obra do acaso, da indiferença humana, de legislação reguladora consentida, e por obra da coação, em ato ou intimidatória. Ali onde falta a harmonia pós-estabelecida, produz-se o equilíbrio pela força. Não inteiramente, porém. As ordens sociais compossíveis, reguladas conforme as contingências que lhes são próprias, são frágeis como barreiras ao inusitado da fala e do comportamento humanos. No coração de cada ordem específica há uma usina, em latência, para a geração de processos característicos ou constitutivos de outra. Até mesmo por simples repetição: a recorrência de ciclos neoclássicos de retração-expansão econômica (mundo D) gera um hipotético C keynesiano, no qual os indivíduos assumiriam a iniciativa de intervir e fabricar o mundo conforme algumas putativas conexões entre eventos econômicos, sem que tal mundo abdicasse de sua transcendência, enquanto objeto de conhecimento. Ademais de conter ordens sociais compossíveis, o mundo profano as contém promiscuamente.

Assim, a instantaneidade suposta pela compossibilidade não exclui a reconstrução conceitual da gênese de cada ordem, separadamente, nem de eventuais trajetórias que iluminem a transformação de umas em outras. Este programa de intelecção, suspeito, é absolutamente original, e por completo alienígeno à agenda de indagações sobre, por exemplo, a origem do sistema capitalista, ou do sistema feudal, ou sobre as características essenciais das sociedades arcaicas, pré-literatas, que as distinguem das sociedades modernas. São, estes, construtos que denotam grandioso número de processos, *os quais se distribuem por diferentes ordens sociais, compossíveis, porém incomensuráveis*. Por isso, aparentes teorias "regionais" de sistemas sociais ou culturas específicas fracassam como explicação do objeto postulado. Esses objetos não existem de tal modo, e as generalizações teóricas comprimem, conceitualmente, aquilo que é profanamente incomensurável.

Da existência dos mundos *A*, *B*, *C* e *D*, então, derivam-se os interrogantes sobre a gênese material e representacional de cada um, e sobre os múltiplos mecanismos que induzem quer a transformação de um mundo em outro, quer a geração de um processo pertencente a um mundo por outro processo que transcorre em mundo heterogêneo.

Interlúdio sobre o não-ser. A fórmula de uma gênese plausível de qualquer um dos mundos possíveis *não* implica que seria a *única* gestação concebível ou materialmente factível do mundo assim conceitualmente feito; ainda que identificada a trajetória mutante de mundos e processos em suas diferenças, esta *não* seria a *única* récita transformística, em sessão contínua no mundo profano; finalmente, *nem tudo gera*, por hermafroditismo, *ou vem-a-ser*, por volubilidade, *qualquer outra coisa*. A mão que faz é a mesma que, pelo feito, converte-se acidentalmente em membro paralítico. *A fenomenologia das ordens compossíveis não é temporal, necessária ou única.* Enquanto representação, e enquanto processo material coagulado, ela é contingente. Não obstante, existe, enquanto tal.

Se na ordem *D* os processos sociais são, por assim dizer, míopes, produzindo reiteradamente o diverso, senão o oposto, daquilo que é pretendido pelos agentes, tragicômica condição prescrita com patológica neutralidade por algum transcendente sujeito de conhecimento, na ordem compossível *A*, vizinha e com frequência concubina de *D*, *reina em aparência radical arbitrariedade*. Nela, por hipótese, inexiste a esquizofrênica distinção entre sujeito de conhecimento e agente social: os agentes, enquanto sujeitos de conhecimento, inventam a realidade, e os sujeitos de conhecimento, enquanto agentes, justamente a agenciam, produzem-na.

Se verdadeira, a hipótese não implicaria *A*, ou qualquer outra ordem, mas um mundo profano constituído por solipsistas, por autistas, mais ou menos contíguos. Qualquer *ordem* supõe algum tipo de comunalidade, ou seja, a ordem ou é pública, ou não é ordem. Se, pois, existe uma ordem *A*, ela se instaura não como resultado da apoteose do arbítrio, mas, justamente o oposto, pela imposição de limites às peregrinações do arbitrário. A gênese de *A*, enquanto *ordem*, equivale à destruição do antes-de-*A*, enquanto caos.

Se a ordem, em geral, é fabricada, então *A*, em particular, o é mediante acordo entre vontades sobre a estrutura que deve caracterizá-la. Estrutura, quer dizer, relações recorrentes entre suas partes constitutivas, as quais, entretanto, nem são efeitos emergentes de comportamentos interdependentes translúcidos ao sujeito, como em *D*, nem são surpresas procriadas pela objetividade complexa, e associadas por construção contingente do sujeito de conhecimento, como em *B*. As estruturas, em *A*, não são posteriores à sua instauração, mas concomitantes a esta – de onde a prolongada negociação entre agentes/sujeitos sobre quais representações do que ainda não é serão, de fato, feitas. Inexistindo, por impossível, qualquer tipo de correspondência, real ou putativa, entre aquilo que ainda não é e a potencialidade ilimitada da subjetividade em representá-lo conforme arbítrio privado, a condição de possibilidade de *A* depende da existência de um procedimento lógico, comum, público, capaz de reduzir, contingente mas sistematicamente, o arbítrio da subjetividade individualizante. Tal procedimento, digo, é a metáfora.

A lógica metaforizante submete o arbítrio privado das associações contingentes ao contrato público de significações por convênio. Pensar metaforicamente é pensar logicamente os princípios da identidade e da diferença, e suas implicações, ali onde ainda não existem nem uma nem outra. Pensar identidades e diferenças inexistentes equivale a decifrar um enigma; aliás, muito propositalmente, pois, invertendo a fórmula aristotélica, enigmas implicam metáforas (Aristóteles, *Retórica*, III, 1405b). Seja, no princípio, Aristóteles.

Refletir metaforicamente consiste em aplicar um nome impropriamente, por deslocamento, seja do gênero à espécie, seja da espécie ao gênero, seja de espécie à espécie, seja segundo uma relação de analogia (Aristóteles, *Poética*, 57b6). É a relação de analogia que, crucialmente, caracteriza a lógica metaforizante, e que se estabelece, conforme Aristóteles, quando o segundo termo está em relação ao primeiro do mesmo modo que o quarto está em relação ao terceiro (Aristóteles, *Poética*, 57b16). É dessa analogia que resultará a harmonia entre a metáfora e o metaforizado (Aristóteles, *Retórica*, III, 1405a).

Essencialmente, uma relação analógica implica uma relação de proporcionalidade – proporcionalidade a quatro termos, na analogia aristotélica –, e, consequentemente, uma lógica metaforizante tem por objeto regular as relações de proporcionalidade entre os princípios da identidade e da diferença, na circunstância especial em que tais princípios são ao mesmo tempo instituídos e instituintes. Em resumo, a lógica metaforizante explicita os modos possíveis pelos quais distintas proporcionalidades entre os princípios da identidade e da diferença reduzem o arbítrio privado das subjetividades individuais e instauram *A*.

A ordem dos termos, na proporcionalidade analógica, restringe as virtualidades de correspondência e de contrariedade, limitando a arbitrariedade das analogias ou metáforas. A definição dessa ordem, contudo, é livre, e nem sempre a proporcionalidade conveniente se exprime na ordem preferida por Aristóteles. Diversos modos de proporcionalidade e de ordenamento dos termos dão origem às figuras de metáfora, as quais constituem formas diferentes de instauração lógica dos princípios da identidade e da diferença.

Seja a proporcionalidade aristotélica: *a* está para *b*, assim como *c* está para *d*. Pelo simbolismo aritmético convencional: *a:b::c:d*. Os termos estão ordenados segundo o exemplo aristotélico: primeiro, segundo, terceiro, quarto. Assim, *b* deve manter uma relação com *a*, tal como *d* mantém com *c*. Na *Poética*, ainda, este exemplo material:

$$\text{I) } \frac{\text{Dioniso}}{\text{taça}} = \frac{\text{Áries}}{\text{escudo}}$$

A proporcionalidade da analogia é agora evidente: a taça (segundo termo) está para Dioniso (primeiro termo) assim como o escudo (quarto termo) está para Áries (terceiro termo). E dela se originam as metáforas apropriadas: *1)* "taça, o escudo de Dioniso"; *2)* "escudo, a taça de Áries". A transferência do escudo para Dioniso, através da taça, e da taça para Áries, através do escudo, é garantida pela *semelhança* das proporções que existem entre a taça e Dioniso e entre o escudo e Áries, e as metáforas se produzem pela aplicação inversa dos segundo e quarto termos aos primeiro e terceiro.

Outra figura de metáfora, mantendo o mesmo ordenamento anterior: *a:b::c:d*. Eis o exemplo material:

$$II) \frac{velhice}{vida} = \frac{tarde}{dia}$$

A similitude das proporções está presente, mas as metáforas agora se geram pela aplicação inversa dos primeiro e terceiro termos aos segundo e quarto termos; *3)* "velhice, tarde da vida"; *4)* "tarde, velhice do dia". A primeira similitude de proporcionalidades autorizava certas identidades e diferenças, porém não outras. Seria impróprio, por exemplo, afirmar que "Dioniso é o Áries da taça". Da mesma forma, nenhum significado analógico, isto é, por proporcionalidade, parece resultar de "vida, dia da velhice" ou "dia, vida da tarde".

O que há de comum em ambos os exemplos é o que sobremodo interessa. A lógica metafórica implicada neles opera por *convergência de similitudes*, pela semelhança das proporcionalidades. É esta semelhança entre duas relações que autentica a instituição de identidades por via analógica. Se há convergência de semelhanças de proporcionalidade, então a identidade metafórica entre entidades heterogêneas pode ser afirmada. Kant intui com precisão o essencial do raciocínio analógico: "Um conhecimento desse gênero é um conhecimento por analogia, palavra que não significa, tal como se entende ordinariamente, uma semelhança imperfeita entre duas coisas, mas uma semelhança perfeita de duas relações entre coisas totalmente dissemelhantes" (*Prolegômenos a toda metafísica futura*, parág. 58).

A lógica metafórica não opera somente pela convergência das semelhanças de proporcionalidade. Possivelmente mais importantes, em *A*, são: *a) a semelhança das diferenças*; e *b) a proporcionalidade da diferença entre similitudes*. As respectivas notações seriam: *a') a ≠ b::c ≠ d; b') a ≠ c::b ≠ d*. Retomando o exemplo material II, e lendo-o conforme a lógica da *similitude das diferenças* (*a ≠ b::c ≠ d*), produz-se a metáfora: 5) "a velhice é diferente da vida, assim como a tarde é diferente do dia". Seria inconveniente, porém, metaforizá-lo segundo a *proporcionalidade da diferença entre similitudes* (*a ≠ c::b ≠ d*): "a velhice é diferente da tarde, tal como a vida é diferente do dia". Se existe uma similitude entre a diferença que distingue *a* de *b* e a que distingue *c* de *d*, nenhuma proporcionalidade se manifesta nas diferenças entre *a* e *c* e a de seus equivalentes, na comparação, *b* e *d*. A lógica da proporcionalidade pela diferença entre similitudes, se aplicada ao exemplo material I, contudo, gera metáforas analogizantes, inacessíveis à lógica pela convergência de similitudes: 6) "Dioniso é diferente de Áries, assim como a taça é diferente do escudo".

A lógica metaforizante filtra o arbítrio da subjetividade individualizante e instaura princípios significativos de identidades e de diferenças, garantindo a comunalidade de sentido e a fabricação de uma ordem contingente e pública. O potencial de desordem contido em A, por sua definição tipológica – e que poderia ser metaforicamente denominado "caos epistemológico", "incomunicabilidade babélica" ou "sociedade molecular-browniana" – é constrangido, *em seus efeitos públicos*, pelos princípios da lógica metaforizante que, sem anular a produção ininterrupta de associações contingentes pela subjetividade individualizante, regulam a conversão do contingente privado em convenção pública.

Classificações sociais primitivas evidenciam, com poesia e rigor, o modo operativo da lógica metaforizante. Seja o princípio da proporcionalidade da diferença entre similitudes: $a \neq c :: b \neq d$. Com ele é possível decifrar o enigma da existência de uma *ordem social* estruturada, com diferenciação de papéis, frequentemente com hierarquia de *status*, mesmo na ausência da divisão social do trabalho e da existência de relativo equilíbrio na distribuição de capacidade predatória entre os membros da comunidade.

O princípio admite uma equivalência metafórica entre a e b e entre c e d (sempre lexicalmente ordenados conforme o alfabeto) e afirma uma proporcionalidade nas diferenças entre a e c e, seus equivalentes metafóricos, b e d. Assuma-se, agora, que a e c sejam indivíduos, representados, respectivamente, por x e y, e que b e d denotem espécies no reino animal – por exemplo, na ordem, corvo e cobra. Segue-se, então, primeiro, a equivalência (identidade) metafórica entre x e "corvo", e y e "cobra", ou seja, x está para "corvo" assim como y está para "cobra"; finalmente, a proporcionalidade da diferença entre similitudes: 7) "x é diferente de y, assim como 'corvo' é diferente de 'cobra'". É a distância da diferença entre as espécies animais que serve de referencial analógico para a diferenciação entre os indivíduos. (Lévi-Strauss, *O totemismo hoje*, descobriu o modo de operação do princípio, porém tomou-o como o *único* princípio da lógica metaforizante, a que chamou restritivamente de lógica totêmica, e sem intuir suas implicações para a instauração de uma ontologia social, *independentemente do "estágio" das sociedades*. É isto que agora segue, fora do parênteses.)

Operar metaforicamente com o princípio da diferença entre similitudes implica, pública e socialmente, afirmar uma diferença simbólica (b é diferente de d; "corvo" é diferente de "cobra") *para negar uma identidade real* ($x = y$; membros, em princípio iguais, de uma mesma comunidade), e afirmar uma *identidade simbólica* (x = "corvo"; b = "cobra"), *a fim de instaurar uma diferença real* ($x \neq y$).

Se x é b, e se y é d, e se b é diferente de d, então x é diferente de y. Se x é "corvo", e se y é "cobra", então é diferente de y, tanto quanto "corvo" é diferente de "cobra". A instauração contingente de A, pela redução do arbitrário e conforme os princípios da lógica metaforizante, é possível.

A fixação de identidades coletivas (sociais), em qualquer sociedade, obedece a princípios de uma lógica metaforizante e instaura, na sociedade considerada, uma ontologia "regional" de tipo *A*. Nas sociedades neocorporativas contemporâneas, a figura de metáfora aristotélica, pela convergência de similitudes, fornece os princípios de ordenamento e hierarquização social: *a:b::c:d*. Por exemplo, "fabricante de tecidos" está para "tecelão" assim como "fabricante de automóveis" está para "metalúrgico". De acordo com a equivalência metafórica aristotélica, dir-se-á que o "metalúrgico" é o "tecelão" do "fabricante de carros" e, inversamente, que o "tecelão" é o "metalúrgico" do "fabricante de panos". Movimentos operários estruturados conforme identidades segmentadas dão origem a corporações cujo comportamento estratégico tende a privilegiar antes as diferenças de cada corporação do que a identidade latente na posição comum no processo de trabalho. A lógica do corporativismo contemporâneo se funda em princípios metaforizantes para a instauração de identidades coletivas.

O mundo *A* não é gerado exclusivamente por processos quaternários. Dois outros processos analógicos operam em concomitância com os demais. Um deles se denotaria simbolicamente como segue:

a:b::b:c::c:d::d:e::e:f::f:g........:alfa::alfa:beta.

E o outro, assim:

a:b::c:d::e:f::g:h::i:j........::alfa:beta.

Esses dois processos, mais extensos, sugerem uma estrutura de conexões mais complexa do que a quaternária. E ainda poderiam ser mais complexos, caso o final da cadeia voltasse ao início, ou a qualquer outro ponto da corrente. São tais possibilidades que fazem da lógica metaforizante instrumento poderoso para a definição de estruturas de relações sociais, entre elas a de parentesco.

Instaurações metafóricas são solidárias a mais de um código de linguagem. Desde que relativamente estabilizadas certas estruturas recorrentes de interações, a linguagem dos *grafos* revela-se eficaz o bastante para reproduzir conceitualmente essas mesmas estruturas, assim como se tem comprovado pertinente atribuir às estruturas de interação, metaforicamente instituídas, as propriedades, virtualidades e constrangimentos de conduta que pertencem, por necessidade racional, aos *grafos* em si. Seria obviamente impróprio sustentar a necessidade do vínculo entre as propriedades das interações e as estruturas de interação por dedução da imutabilidade desse vínculo entre as propriedades dos *grafos* e as estruturas dos *grafos*. *Grafos* e suas propriedades são construtos racionais e, enquanto tais, apenas mimeses razoáveis de estruturas de interação metaforicamente fabricadas. Enquanto o forem.

A interpretação metafórica das proporcionalidades, e o sentido das identidades e das diferenças, depende dos processos materiais, mas é transparente que, embora ambos em cadeia, o primeiro ilustra um processo analogizante denso, espesssso, enquanto o segundo absorve certa descontinuidade entre pares alternados de termos. Aqui, exemplificar, sem expandir, seria pouco elucidativo, mas cabe esclarecer que a disjuntiva, denso ou rarefeito, não indica a heterogeneidade essencial entre o mundo físico e o mundo social, já que nem o mundo físico é leibnizianamente denso. Em realidade, nenhum mundo, físico ou social, é estritamente denso ou estritamente rarefeito. Alguns mundos, todavia, aproximam-se mais da densidade; outros da rarefação. Do mundo físico nada sei; do mundo social, melhor, dos mundos sociais, entendo que processos em A são comparativamente mais rarefeitos e processos em D, comparativamente mais densos.

Registrados alguns princípios operativos da lógica metaforizante e sugerido um código de linguagem apropriado, reitera-se a verificação de que a instauração contingente de A, pela redução do arbitrário da subjetividade individualizante, é possível.

A lógica metaforizante não é instância produtora de consenso significativo, espécie de razão cartesiana opulentamente ornamentada. Produzir sentido, por via de metáforas compartilhadas, e daí uma estrutura de identidades e de diferenças interrelacionadas, é consequência de intensos conflitos sociais sobre qual estrutura de hierarquias se deve, afinal, instaurar. A competição por ordens alternativas traduz-se, à falta de exemplos materiais mimetizáveis, em competição por significados que se comunicam, antimimese, por analogias metaforizantes.

A trajetória do conflito babélico à comunhão de sentido corresponde a homeopática e irrequieta instauração do tipo específico de ordem associada ao código metafórico compartilhado, que garante relativa estabilidade ao padrão de interações então estabelecido e o transforma em *rotina*. O código metafórico não é a única matriz de rotinas sociais, contudo. Nem as rotinas sociais implicam reconfortante imutabilidade. O processo de competição por sentido, via subversões metafóricas, ao qual se segue a reformulação de rotinas, é permanente em qualquer sociedade, ora violento e explícito, ora subterrâneo e apenas tenso.

Toda sociedade convive, a cada instante de sua contemporaneidade, com processos cuja inteligibilidade se revela pela lógica metaforizante. Não são, esses processos, atributos monopolizados por sociedades arcaicas (não são processos totêmicos; o reverso, sim), ou recursos maiêuticos com que a racionalidade social posterior arranca a si mesma da confusão primordial. Eles são parte constitutiva da sociedade, e por isso a lógica metaforizante coabita o mundo social, na democrática companhia das lógicas dos juízos condicionais.

A incomensurabilidade dos compossíveis sociais se expressa em dialetos. Inexiste um eu transcendental, sujeito de juízos universais verdadeiros, premissas maiores, estes, de argumentos e teorias válidos transfronteiras. Os dialetos sociais, ademais do dialeto metaforizante, assentam-se sobre juízos de condicionalidade e de possibilidade, distribuindo-se maioritariamente por três tipos principais. Há, para iniciar aleatoriamente, o dialeto cujas premissas maiores são constituídas por proposições modais: juízos de necessidade e de possibilidade. A fala sobre o mundo, aqui, se articula com apoio em premissas, com frequência embuçadas, que estabelecem a necessidade hipotética de que *se p, então q*, ou a *possibilidade* de que *se p, então q*, e suas correspondentes negações.

Em segundo lugar, o dialeto dos juízos temporais, os quais, justamente pelo caráter não determinístico do universo social, constituem a única possibilidade de tornar inteligível a associação entre eventos naturalmente separados por significativo intervalo de tempo. Se p é possível, então ou p é, ou existe, ou bem p será, ou existirá. Proposições como esta – o argumento de Diodorus de Cronos – integram o conjunto de premissas maiores do dialeto dos juízos temporais, mediante os quais se fala sobre o mundo, ou através dos quais o mundo se fala.

Enfim, o dialeto dos contrafactuais. O que teria sido, se não fosse. O que poderá ser, caso não... O raciocínio estratégico se exprime em monólogos interiores cuja linguagem contorcida é o dialeto dos contrafactuais. E, simultaneamente à formulação de hipótese sobre *a formulação de hipóteses do outro*, o raciocínio estratégico confunde-se com a coerência ficcional, ao incorporar necessariamente à estrutura do monólogo interior um discurso indireto na terceira pessoa.

A multiplicidade de dialetos, sendo indispensável à expressão do *pluriverso* social, é ao mesmo tempo responsável por erros de juízos e, em consequência, erros de comportamento. Raciocinar metaforicamente sobre associações temporais, ou vice-versa, quando é impróprio fazê-lo, induz a erros de inferência e a equívocos de ação. O princípio da mão invisível, por exemplo, é uma premissa metafórica sobre processos materialmente caracterizados pela interdependência e, pois, próprios para juízos de modalidade – juízo de possibilidade, no exemplo. A confusão de dialetos colaborou para uma errônea conclusão, por necessidade metafórica, em matéria comportando somente possibilidades. Diversas ordens existem, e são possíveis; diversos dialetos existem, e são possíveis. Do mesmo modo, a geração de uns, por outros, também é possível.

Processos em *A* transformam-se em processos em *C* quando os agentes sociais perdem a memória do momento genético das metáforas instauradoras e o conhecimento delas torna-se tácito, antes que vívido, embebido em comportamentos rotineiros, embora eficazes na procriação da ordem, antes que aflorado em embates de significações. Nesse momento instala-se uma descontinuidade entre a comunidade e qualquer observador externo, descontinuidade que é fruto da diferença no estoque de conhecimento tácito disponível à coletividade e ao observador. Para a coletividade, os princípios implícitos na coleção de metáforas em circulação é óbvio, trivial, tácito. Para o observador, elas se apresentam como enigmas, como estímulos à decodificação. De onde uma ordem fabricada repetidamente conforme cursos de ação convencionados vem a aparecer, em sua face profana, como um objeto de conhecimento transcendente ao sujeito.

Processos em *A* convertem-se em processos em *D* quando longas cadeias de interdependência analógica segmentam-se e a contaminação de sentido metafórico por sucessão contínua se interrompe. Então, o que era interdependência por comunalidade metafórica reduz-se à interdependência, sem comunhão de sentido. Cada termo da cadeia primeira transfigura-se em esquisito ser interdependentemente solitário, a produzir, em compulsória e anônima cooperação, um mundo esquivo, hostil, bruto e rude.

Nem A se transforma em C ou D sempre, nem, quando o faz, o faz em travessias programadas. Mais, o que basicamente alimenta cada um dos mundos compossíveis não são os processos gerados nos mundos alternativos, mas a estrutura de interações entre os agentes sociais que é típica de cada mundo em particular. Revelar como A é possível e mostrar como processos em A transmutam-se em processos em C e D equivale a revelar como A, C e D são possíveis. E, se A, C e D são possíveis, por que B não o seria? Justo B, que corresponde à sabedoria corrente do convencionalismo epistemológico *cura* naturalismo ontológico – por que B não seria possível? Termino, pois, pelo início.

Os mundos A, B, C e D são ordens sociais compossíveis e incomensuráveis. Por compreender ordens compossíveis, o mundo social profano – compósito enigmático dessa mesma compossibilidade – admite cursos de ação contraditórios; e, por serem as ordens constitutivas incomensuráveis, nenhuma representação geradora de proposições bem formadas, pertencentes a qualquer uma das ordens – e que são, em consequência, verdadeiras ou falsas nessa mesma ordem –, é passível de tradução consistente em qualquer outra ordem. A contradição material mora no mundo; no fluxo das representações, só sob forma metafórica.

8

O olhar humano possui limitações estéticas, ontológicas e epistemológicas. A imaginação humana, caso seja limitada por alguma infinitésima película celular, ou gota química, ou algo, ainda está por sê-lo. O olhar vê planos, relevos quando muito, mas jamais o relógio de Dalí. Se o objeto do olhar é a ordem social, então a que se representa é pré-renascentista, chata, plana, sem perspectiva. Mas perspectiva, necessária, ainda não é o bastante. Várias perspectivas são indispensáveis, e não sucessivamente, mas simultaneamente. O cubismo. A imaginação, se é limitada, ainda está por sê-lo. No cubismo, a ordem, articulada porque desarticulada, projeta o mesmo em diferentes planos de significação, de lógica, de antecedentes e de consequentes, e cada parte do todo adquire e exprime a racionalidade do plano em que se instaura. A ordem social é cubista.

O *cubismo* social, caleidoscópio incestuoso e anônimo, patrocina abissal heterogeneidade ontológica entre a ordem humana e a ordem do mundo físico-natural. Entre ambas, o abismo estelar que se interpõe entre o princípio de que às mesmas causas correspondem os mesmos efeitos, *ananke* a que o mundo físico é subserviente, e o princípio de que às mesmas causas não correspondem *necessariamente* os mesmos efeitos, autonomia ontológica cordial do mundo humano. Em sociedade, é possível que às mesmas causas correspondam outros efeitos, e é possível que aos mesmos efeitos antecedam diferentes causas. Por isso, é o princípio da razão contingente que estipula as condições de possibilidade de existência da ordem social.

Epistemologicamente, ao estilo cubista da ontologia social agrega-se a natureza fiduciária e presuntiva das conexões entre a subjetividade e o comportamento dos agentes sociais. Repito, aqui, o já assumido alhures e, a intervalos, intercalo argumentos adicionais.

Submeto que, radicalmente, o comportamento humano se rege pelo princípio da indeterminação subjetiva, ou seja, o de que não existe razão *a priori* para que o número de figuras de representações que a consciência humana se pode apresentar sobre os mesmos objetos (agentes, relações entre agentes e, mesmo, sobre as representações que os outros agentes se fazem desses objetos) seja finito. Contradigo o objetivismo dogmático, que decreta a finitude da subjetividade, fazendo-a acomodar o estrito número de representações equivalente a igual número de objetos, fora dela, e que dariam fundamento às próprias representações – sendo o mais delírio; delírio, digo, é não se inquietar alguém por não saber por onde vagava a taça de Dioniso antes de que a primeira taça fosse fabricada.

O princípio da indeterminação da subjetividade implica uma relação contingente entre representação e representado e a não existência de razões *a priori* para que o número de representações possíveis do cubismo da ontologia social seja finito. A representação da ordem profana, sob sua forma de processos coagulados materialmente, inclui a representação dos atores que a constituem, a representação da relação entre eles e, ainda, a *presunção* sobre a representação que os demais agentes se fazem dessa mesma ordem. A objetividade que alguém se representa inclui a subjetividade de algum outro, e reciprocamente. Sendo contingente a relação entre a representação e a ordem representada, a repetida corroboração de que a presunção feita sobre a representação de um segundo agente é plausível não assegura que, na ausência de alterações relevantes no mundo profano, esse segundo agente não se venha a fazer uma representação variada da ordem e, por isso, inaugure comportamento imprevisto pelo primeiro agente. A ação surpreendente, eventualmente inovadora, mas que de qualquer forma violenta os limites da representação, demonstra que, no cubismo da ontologia social, às mesmas causas não correspondem os mesmos efeitos.

A subjetividade do *outro* é opaca ao conhecimento de qualquer sujeito em particular, que sobre ela *presume*, guiado pelo princípio da indução generalizadora, operada sobre *rotinas* do passado, e nessa presunção crê, mais do que conhece objetivamente em sentido convencional. A ordem profana reproduz-se, então, com apoio em precaríssima indução que permite à multiplicidade dos agentes sociais antecipar o provável comportamento uns dos outros, dadas certas condições. A ação surpreendente faz lembrar, às vezes de forma drástica, a fragilidade da presunção indutiva ou, mais precisamente, os limites da representação. Se a subjetividade é livre, a representação é perecível. Se toda representação é mortal, e se Sócrates é uma representação, então Sócrates é mortal.

Também, pela epistemologia, solidária da ontologia, vige na ordem profana o princípio da razão contingente. Cilada perpétua a seduzir os agentes sociais em seu cotidiano dogmático e rotineiro, o princípio transforma o verdadeiro em falso, inesperadamente, repetindo aqui e ali as possibilidades dos erros e dos equívocos. A premissa maior de todos os equívocos é a de que a ordem profana é una.

A metáfora "universo social" é uma metáfora imperfeita, imprópria. Tão escandalosa como a expressão "Dioniso é o escudo de Aquiles", em vez de "a taça é o escudo de Dioniso" ou "o escudo é a taça de Aquiles". A ordem social, se se entende por "ordem" o que de algum modo aparece como plano, é o instável concubinato de intercursos logicamente distintos e concomitantes. O universo social é uma figura gramatical; ontologicamente, o que existe é um *pluriverso* social. Consequência fatal: é impossível que exista uma teoria do social por via da generalização de alguma lógica prevalecente em algum plano do cubismo social. *Eis porque todas as teorias sociais relevantes, até agora, têm sido, ao mesmo tempo, convincentes e frustrantes.* Todas são persuasivas com respeito a algum processo específico do real (plano cubista da ordem social) e desastradas quando aplicadas a outros segmentos da realidade. Eu, por mim, sou marxista, funcionalista, determinista, evolucionista, weberiano, "rational-choice-ista", anarquista, e, sobretudo, cético de que qualquer dessas doutrinas tenha significação libertária, ou cognoscitiva, exceto de maneira muito, mas muito, residual. Adotar uma doutrina é amputar o próprio pênis. Epistemológico.

Para entender como se conjuga a ordem social, é indispensável que o candidato ao conhecer reconheça sua profunda ignorância, isto é, que ignora sua ignorância mais elementar: a de que ele não sabe por que não sabe. Esta é a fundamental sabedoria em uma ordem social cubista: compreender, não que é ignorante, mas por que razão o é. Isso, em definitivo, é o que distingue o sujeito de conhecimento do social do cronista, do adventício, do sábio físico, do sábio matemático, do sábio lógico e os demais ignorantes, em geral. Todos pensam que sabem o que sabem, e que também sabem o que não sabem. Nenhum, entretanto, sabe a extensão do que não sabe, e sobretudo nenhum conhece a razão de por que não sabe o que não sabe. Uso aqui o recurso da repetição porque desconfio que a ignorância humana seja ainda maior do que imagino. Repito, portanto: o sujeito de conhecimento do social é mais sábio do que os demais sábios porque ignora mais, e ele ignora mais porque sabe (dialeticamente, caro Heráclito?) uma coisa a mais – ele sabe por que não sabe.

Justamente por isso, e pelo anterior, se compreenderá que o mundo social é povoado por maior número de acasos do que de consequências. Entendendo-se por consequência a sucessão de algo por conta de algo, a maioria dos eventos que se sucedem no mundo social não o são como resultado de algo, qualquer algo, que os antecedeu, mas por acaso (os acasos, quero dizer, suas fontes, já foram elementarmente comentadas: um processo simbólico mais um processo materialmente coagulado, dois processos coagulados se intercruzando etc.). De onde se deve concluir com toda a humildade de sábios ignorantes que a maioria dos eventos no cotidiano do social não tem nenhuma explicação sistemática. São como pedras vadias que caem aqui e ali, assassinatos incompreensíveis, amores gratuitos, melodias que se improvisam ao dissabor – explicar, quem há de? Como explicar por que, neste exato momento, não estou fazendo coisíssima alguma? Como explicar esta inércia? (E que importa que esteja mentindo?) *O livro do desassossego*? A *Canção do amor demais*?

Já é mais ou menos excessivo saber como votam os eleitores que votam e por que não votam os que não votam; ou como se constituem as identidades sociais; ou por que, contra toda expectativa do modelo da escolha racional, existe afinal de contas a ação coletiva. Já é suficiente confrontar uma agenda de questões que inclui a redução conceitual dos inúmeros revérberos possíveis de um encontro entre planos distintos do cubismo social.

Nada mau, com efeito, que a ordem se sustente em dezenas de milhares de acasos. Tal contingência reduz a magnitude da tarefa de manter a *comunitas* em operação e ajustada à escala da ignorância humana. Fosse cada evento social o resultado deliberado do cálculo e da coordenação do inimaginável número de agentes que, de um modo ou de outro, contribuíram para sua produção antivicoísta, isto é, fazendo-a sem conhecê-la, e a ordem estaria fadada a curta sobrevida. Nenhuma sociedade pode sustentar-se na informação total, no cálculo total, na coordenação total. Nem, de fato, sustenta-se. A cada intenção e ato coordenativo, por razões antigas, produzem-se incontáveis acasos, e por isso o cubismo social, não especificamente a liberdade humana individual, mas o cubismo social, subverte o plano, do mesmo modo como subverte a liberdade, virando-a contra si mesma.

Um *pluri*verso casual, cubisticamente estruturado, no qual os indivíduos transitam simultaneamente conforme lógicas heterogêneas, não necessariamente contraditórias, mas ocasionalmente até, e, na maioria das vezes sem efetivamente saber se o que parece corresponde a algo que seja, em qualquer dos mundos sociais possíveis, *que já existem*, tal pluriverso pode constituir imagem aterradora. Se, entretanto, alguém indagar-se qual o real conteúdo cognitivo que dá fundamento às suas decisões cotidianas, verificará que, ainda que a ordem social assim não fosse, pouca coisa seria alterada, pois, seja ela como for, cada indivíduo isoladamente encontra-se exatamente na condição de ignorância fundamental a que dei justificativa ontológica. Mesmo que improcedente a razão ontológica, em nada se alteraria a condição epistemológica e, portanto, para todo efeito prático, é como se aquela razão fosse procedente.

É indispensável intuir que a ignorância é uma dádiva. Se cada indivíduo fosse capaz de antecipar, lendo as cartas ou jogando os búzios, o que cada outro indivíduo iria fazer, e se, além disso, conseguisse transcender a particularidade de seu ponto de vista e imaginar qual o efeito agregado de todas essas ações, então estaria em condições de ajustar suas decisões e comportamentos, levando em consideração o que premonitoriamente conheceria. Contudo, se esta fosse uma capacidade naturalmente humana, todos os demais indivíduos também seriam capazes das mesmas antecipações e de igualmente ajustar os respectivos comportamentos. Mas isso alteraria, na especulação de cada qual, os dados do problema, e novo cálculo se efetuaria. Estratégias e contra estratégias se sucederiam umas às outras, inviabilizando a cooperação social. Enfim, a sociedade, *la invitada de piedra*, pereceria por hesitação, tal qual o asno de Buridan.

A cooperação social – e, pois, a *comunitas* – só é possível graças à radical incerteza quanto ao que será produzido por ela, *além da própria continuidade da* comunitas. *A única e suficiente razão para o intercurso cooperativo em uma ordem social cubista é a ignorância pânica do que lhe seria alternativa em sua ausência.*

Em tal ordem, sabendo que nada ou pouco sei, mas sabendo por que nada sei, eu, quero dizer, os habitantes de tal ordem, somos livres para inventar o que é reto ou incorreto, propor e vencer, propor e ser derrotado, inventar o que é justo ou injusto, e também para agir conforme o errático comando do coração sem mente. Ser anarquicamente feliz, em tal ordem cubista, não é pecado social.

DA LÓGICA DOS MOVIMENTOS SOCIAIS À LÓGICA DA AÇÃO COLETIVA ATRAVÉS DO PARADOXO DAS IGREJAS

1

Vamos supor que a teoria da ação coletiva de Mancur Oslon proponha a seguinte tese: nenhuma organização colherá suporte duradouro e aquiescência de sua clientela a menos de proporcionar, além do bem público definido por sua "constituição", alguns benefícios personalizados aos membros da clientela. Na realidade, alega-se que a ação coletiva nem mesmo terá início se benesses adicionais ao bem não sejam de boa-fé prometidas e de boa-fé dispensadas ("bem público" e "bem coletivo" serão usados indistintamente). Falhando o contrato, somente a tradicional coerção, se a organização for capaz de utilizá-la, ativará o original lema dos Mosqueteiros franceses: "um por todos e todos por um". Na ausência de coerção, e falha no cumprimento do contrato de haver pagamentos laterais, não haverá ação coletiva e nenhum bem será produzido.

Pois bem, a maioria das igrejas distribui um excelso bem: salvação. No mínimo, é isso que os religiosos aguardam como resultado da frequência aos cultos e obediência às regras de conduta recomendadas. Em que categoria de "bem" o fenômeno da salvação estaria adequadamente incluído? Um "bem" espiritual para muitos, "bens ilusórios" ou "alienados", para outros. A mim parece que a salvação pode ser considerada um "bem público" desde que, mesmo consumida por enorme quantidade de crentes, não haja impedimento a que outro membro da mesma comunidade participe de sua fruição. De outra perspectiva, a salvação se qualifica como um "bem público" na medida em que sua produção demande dos consumidores certos padrões de comportamento com óbvias externalidades positivas. Para a excursão teórica a seguir, o ceticismo de ateus e agnósticos sobre a natureza da "salvação" é totalmente imaterial. Ao final da excursão há de ficar transparente que os argumentos aqui desenvolvidos são igualmente aplicáveis a ímpios e blasfemos arrependidos.

Externalidades positivas são consequências benéficas proporcionadas a terceiros por iniciativa cujo objetivo não contemplava, deliberadamente, favorecê-los. Embora ubíqua, iniciativas dessa ordem surgem e desaparecem sem boletins de ocorrência arquivados. A sociedade industrial desapareceria, episódio histórico efêmero, se todas as populações não fossem, cotidianamente, pacientes ou agentes de ações dotadas de externalidades positivas. Ao dispor dos detritos usuais de suas casas de forma apropriada as pessoas geram condições de higiene benéficas não apenas para si, o alvo da ação, mas para a vizinhança, igualmente. Importante salientar, as externalidades positivas de uma ação (bem como as externalidades negativas) independem da intenção dos agentes.

Não é uma prerrogativa de altruístas. O seu vizinho pode sentir profunda antipatia por você ou simplesmente não se importar com o que lhe possa acontecer, mas ser-lhe-á impossível evitar produzir externalidades positivas em seu redor. Essa necessidade decorre da natureza do bem coletivo: trata-se de um bem indivisível, impermeável a secessões, com segmentos de consumo regulados e, portanto, sujeitos a autorizações e proibições. O seu antipático vizinho não dispõe de instrumentos hábeis para selecionar, segmentando-o, o clima higiênico de que desfruta, impedindo que você também o usufrua. Um bem coletivo, portanto, está disponível para consumo coletivo, mesmo quando não é coletivamente produzido.

No entanto, o bem público provido pelas igrejas é individualmente consumido, e não poderia ser de outra forma. Com socorro às religiões das quais tenho notícia, entendo que uma pessoa comum não dispõe de poder para autorizar terceiros a buscarem salvação em seu nome. A narrativa sobre Jesus cujo sacrifício teria sido necessário para salvação da humanidade não anistiou a todos os cristãos dos ritos obrigatórios, cada um continuando responsável por sua salvação pessoal. O consumo do bem "salvação", por conseguinte, é necessariamente individual, enquanto um parque público, ao contrário, pode ser coletivamente desfrutado. Essa característica do consumo individual do bem coletivo "salvação" faz com que a produção do "bem" também seja, necessariamente, individualizada. O fenômeno da "salvação" (ou da "danação") ou da "ilusão da salvação" sugere sendas de investigação com relevantes repercussões sobre outros fenômenos sociais, estes laicos, e cuja naturalidade não é, em geral, posta sob qualquer suspeição.

A produção e o consumo individualizados de um bem coletivo, ainda que fictícios, segundo os céticos, constitui o segredo da sobrevivência das igrejas, no catálogo das organizações: elas não necessitam prover nenhum outro tipo de benefício, além do peculiar bem público que produzem. Não estão compelidas a prometer e distribuir benesses paralelas ou a coagir pessoas para que entrem em seus templos, frequentem os seus cultos e obedeçam a suas regras de conduta. O bem público por elas gerado é, em si mesmo, paradoxalmente personificado.

Aceitando-se provisoriamente a noção de bem público personalizado ou privatizado, então a ação coletiva religiosa pode ser entendida segundo a clássica lógica do interesse, contrariando a tese proposta por Olson. Mais ainda, cabe estender a aplicação da lógica do interesse a ações coletivas que, aparentemente, resistem a explicações no registro do interesse pessoal. Opondo-se, na prática, à crítica olsoniana de que o interesse comum não resulta em ação coletiva, organizações recentes supõem ter por fundamento, precisamente, um interesse comum. Por exemplo, os movimentos empenhados na formação de identidades sociais.

Concedendo que tais movimentos refutam a lógica olsoniana – a dos benefícios laterais ou coerção como requisitos necessários à constituição da ação coletiva –, sugiro que o fundamento do interesse comum – tese rousseauneana clássica – também é insuficiente para esclarecer o surgimento e difusão dos movimentos identitários, que são, na essência, semelhantes à gênese e expansão das igrejas. Seria o caso de que "identidade social" se revele como outro exemplo de um bem público privatizado ou personalizado? Não será o paradoxo das igrejas bem mais comum do que percebe a nossa vã sociologia? Se o for, então a única maneira de uma pessoa gozar de específica identidade social (ou consumir "salvação") é engajar-se em um movimento que objetive sua criação (a sua produção). Ninguém pode se beneficiar de determinada identidade social sem ajudar a criá-la e a mantê-la. Mas nada previne que alguém, no vácuo de identidades, se proponha a inventar outra.

2

A ideia de "bem público privado" é estranha e lembra, mais familiarmente, um oximoro, ou seja, uma proposição que se nega a si própria – "um clima frio bem caloroso", por exemplo, é um oximoro, pois calor é o contrário de frio. Em consequência, é necessário submeter a proposição "bem público privado" a escrutínio severo. Vamos iniciar por maior precisão do conceito de "bem público" e aceitar, como é consenso na literatura, as duas condições requeridas para catalogar um bem como "público": a) não exclusividade ou universalidade do consumo, ou seja, uma vez disponível para um membro de certo grupo, nenhum outro integrante do grupo será impedido de acesso ao bem, se assim o desejar (e veremos por que a ressalva é essencial); b) simultaneidade de oferta, isto é, sua produção é indivisível, exemplar a exemplar, mas, por assim dizer, o estoque inteiro indiscriminável. Na prática, a simultaneidade da oferta embute a condição de que aumento do consumo individual ou acréscimo no número de consumidores não afetam a quantidade do bem disponível para posteriores candidatos. São exigências de fácil entendimento, embora dotadas de armadilhas logicamente letais. Exemplos comuns na literatura, embora não me persuadam satisfatoriamente, são os conceitos (e instrumentos) de defesa nacional e o oxigênio produzido pela natureza. Obviamente, o oxigênio é indivisível, disponível imediatamente a todos os seres que o consomem, e o aumento do número desses seres não reduz ou impede o consumo dos demais. Pela universalidade do consumo, a primeira condição descrita, existe total impossibilidade de que, uma vez disponível, seja possível discriminar potenciais consumidores. A defesa nacional, por exemplo, protege um território ou uma comunidade de forma integral, sem possibilidade de abrir exceções para pedaços internos ao território ou alguma categoria dos habitantes da comunidade. Mas, para lembrete, nem tudo que parece simples é efetivamente destituído de labirintos ou armadilhas.

Considere-se, com cautela, a primeira condição. Derivações apressadas e ousadas frequentemente sucumbem à tentação de saltar da não exclusividade ou universalidade de potenciais consumidores de um bem coletivo para a suposição de que a condição incorpora, logicamente, esta outra: a da impossibilidade de não consumir o bem coletivo produzido. O salto é inválido porque nem sempre é o caso de que um consumidor potencial seja um consumidor compulsório. Ser um consumidor potencial significa que nada poderá impedi-lo de tornar-se um consumidor atual sempre que assim, individualmente, decidir. Mas ele não está irremediavelmente obrigado a decidir-se pelo consumo, constrangido apenas pela existência do bem. Na realidade, a impossibilidade de não consumo, embora aparentemente bizarra, é uma condicionalidade que existe, mas como propriedade de um "produto" oposto ao de um "bem público", ou seja, a impossibilidade de não consumo é a propriedade por excelência de um "mal público".

Só para tornar o conceito adstrito ao mundo do cotidiano, "poluição", por exemplo, representa um dos mais óbvios "males públicos", cujo consumo é compulsório. Ninguém escapa a seus efeitos por arbítrio pessoal. Um potencial consumidor é automática e simultaneamente um consumidor efetivo do "mal público" existente. Embora essencial para a solução do problema da ação coletiva, o conceito só desempenha, aqui, a função adjetiva de revelar que o conceito de não exclusividade do consumo não abriga a condição de impossibilidade do não consumo. Ele será retomado na seção 5, para solução do problema da decisão de iniciar um projeto de privatização de um bem coletivo.

Em exemplo crucial para a sociedade industrial, se é verdadeiro que, uma vez obtido aumento salarial para certo grupo ocupacional, por exemplo, todos os membros do grupo receberão, automaticamente, o mesmo benefício (regra da universalidade do consumo de um bem público), o automatismo do acesso não é ingrediente indispensável à catalogação do bem (aumento salarial) como "público" ou "coletivo". Um parque público recém inaugurado subsiste ainda que ninguém o frequente. Fundamental é que ninguém seja impedido de passear por seus jardins ou descansar em seus bancos, assim e quando desejar. Do mesmo modo, se a nenhum membro daquela coletividade pode ser negado o benefício do acréscimo de renda, é algo logicamente possível, embora hiperbolicamente hipotético, a qualquer um deles optar por não usufruir do benefício e permanecer a salvo de obrigatoriedade ou punição por desobediência. Quando existe legislação especial impedindo o exercício da renúncia, o consumo ocorre por coerção externa ao bem, não por contingência de sua constituição íntima.

A implicação essencial da distinção consiste em que um bem público, "público" mesmo, no estrito sentido da literatura, pode ser produzido sem ser consumido. A diferença constitucional do público-"público" se apoia na impossibilidade de proibir o usufruto do consumo, não na obrigatoriedade deste. Não exclusividade, ou universalidade obrigatória de um bem público-público, por conseguinte, não implica automatismo de consumo.

Propriedades desviantes, contudo, se mostram em bens do tipo "salvação" ou "identidades sociais". Eles serão públicos na extensão em que nenhum membro do grupo de referência seja destituído do direito de desfrutá-los, atendendo, portanto, ao requisito de não exclusividade. Todavia, a não existência sequer de uma só pessoa buscando consumi-los inviabiliza automaticamente a produção de semelhantes bens. Pelo argumento anteriormente comprovado de que a não exclusividade da oferta não implica, logicamente, a obrigatoriedade do consumo, entende-se por que parques são públicos, mesmo que desertos, posto que a existência deles dispensa automatismo de consumo. Ao contrário, é o consumo de bens como "salvação" que gera, por automatismo, a quantidade e o ritmo da produção. Os bens públicos privados, portanto, são públicos, isto é, não exclusivos, cuja produção, todavia, não ocorre na ausência de, pelo menos, um solitário e automático consumidor. A oferta só existe em concomitância com a demanda e na exata medida da demanda.

Se assim é, qual o incentivo para que alguém venha a se ocupar com a produção desse tipo de bens? A resposta flui diretamente do argumento anterior: porque é o consumo que, simultaneamente, os produz. Em linguagem mais familiar: eles são produzidos porque o custo da produção é, no máximo, igual ao custo do consumo, enquanto os benefícios por consumi-los são, no mínimo, iguais aos benefícios por produzi-los. Em outras palavras, os benefícios de produzir (consumir) os bens são, pelo menos, iguais ao custo de produzi-los (consumi-los). O resultado jamais ficará em débito, no vermelho, em tal contrato. Qualquer benefício derivado do seu consumo ou é, no mínimo, igual ao custo para produzi-los, ou então constitui "lucro", isto é, incentivo à cooptação de outros produtores-consumidores. Na realidade, a condição de que o custo da produção é, no máximo, igual ao custo do consumo, vale estritamente no universo conceitual, sem atrito, tal como a lei da inércia, em sentido absolutamente rigoroso, só é verdadeira em um universo desprovido das interferências adjetivas. Dá-se o mesmo no mundo das identidades. A seção 5 tratará da etapa inicial de formação de identidades inseridas em universo com atrito.

Esta conclusão diverge ostensivamente das derivações canônicas dos conceitos de "bens públicos" ou "bens coletivos", mas a única diferença relevante nos conceitos, embora essencial, limitou-se ao caráter de "automatismo" presumido como indissociável à propriedade de não exclusividade do bem público convencional. Havendo demonstrado a independência lógica dos dois atributos, e mantendo rigorosamente inalterada a condição de não exclusividade, foi possível decifrar, parcialmente, o enigma da existência de um bem coletivo cuja produção exige, ao contrário dos bens públicos clássicos, um automatismo no consumo.

Exame da segunda condição (simultaneidade da oferta ou *jointness of supply*, na consagrada expressão inglesa) revela, igualmente, peculiaridades importantes do conceito de bem público privatizado. Para ser público, o bem deve ser compatível com a exigência de simultaneidade da oferta, atributo descrito ao início desta seção, em sequência à ilustração do outro atributo, o da não exclusividade do consumo. Tanto "salvação" quanto "identidades sociais" satisfazem a exigência. Em ambos, o consumo não reduz a probabilidade de continuado consumo por parte de qualquer outro integrante do grupo; mais que isso, o consumo de um membro do grupo não restringe a possibilidade de que estranhos ao grupo potencial venham a desfrutá-los também. A primeira das observações acima caracteriza os bens como públicos, e a segunda os qualifica como públicos "privados". Em consequência, se os bens são produtos do consumo, quanto mais consumo houver, mais produção haverá. A título de variação vocabular, dir-se-ia tratar-se da lei de Say (lei dos mercados) elevada a menos um: se, nos tratados, a produção cria o consumo, o mercado dos bens públicos-privados está associado à contingência de ser impossível a produção deles a não ser através do consumo. Ao invés de diminuir os benefícios do consumo, o aumento no número dos consumidores incrementa as benesses, gratificando cada membro individual do grupo. Como anteriormente advertido, benefícios decorrentes, quanto mais não seja, das externalidades positivas do comportamento de outros consumidores do mesmo grupo. Quanto maior o número de consumidores privados do bem, mais elevados os benefícios colhidos mediante seu consumo, a custo constante.

Um bem público "privado", por conseguinte, é um bem que, quanto mais vasto o consumo coletivo, maiores as recompensas de sua produção individual. Introduz-se agora a hipótese de que os movimentos sociais podem ser parcialmente explicados pela conjectura dos bens públicos-privados. As próximas seções desenvolvem o argumento que sustenta a hipótese.

3

Ficou estabelecido que "salvação" e "identidades sociais" atendem às condições características do conceito de bem público. Todavia, também se revelaram como peculiar espécie de bens coletivos, lembrando oximoros – bens públicos "privados" –, exibindo propriedades surpreendentes. É inadiável, portanto, abordar a legitimidade de atribuir-lhes a característica fundamental da classificação: serão a "salvação" e as "identidades sociais" realmente "bens"?

De acordo com o vocabulário normal, é de senso consagrado que a tudo se há de considerar um "bem", tanto em linguagem econômica quanto em discurso político, desde e, sempre, na exata medida em que seja escasso; por exemplo, diamantes e votos. Algo abundante, avesso à noção de escassez e, pois, habilitado a satisfazer a ambição atual de consumo, a esse algo não se aplicará o conceito de "bem". Ora, "bens", propriamente ditos, existem por serem naturalmente escassos, mas há outros tipos de "bens" que vem a sê-los precisamente porque se tornaram escassos. Certos recursos naturais, por exemplo, resultam escassos – e, portanto, bens – na proporção em que se esgotem. A poluição do ar e a poluição da água deflagraram um processo que, no tempo devido, e não sendo interrompido, transformarão dois dos mais famosos exemplos de não bens em bens, tornando-os escassos.

Um mecanismo bastante eficiente de criar um recurso social escasso consiste em privatizar o consumo de algo que, não fosse privatizado, escaparia à noção estrita de "bem". O Estado privatizou o emprego da força; em decorrência, o poder de coerção física tornou-se escasso. Antes de o Estado a privatizar, a força era empregada à vontade e na medida da capacidade do voluntarioso; agora, o uso da força depende de permissão concedida pelo privatizador da violência legal vigente. Embora vigente durante séculos, já não é matéria de decisão pessoal espancar alguém que nos suplantou na competição comercial ou no jogo de cartas. Não há legislação de Estado contemporâneo autorizando o uso da força nas circunstâncias narradas. É oportuno, entretanto, recordar que crimes passionais e vingança por adultério, além de outras sandices, contavam com a benevolência dos códigos brasileiros. Ainda hoje, é de conhecimento universal o consentimento que costumes tradicionais, amparados em dispositivos dos códigos de países do Oriente médio, autorizam para uso de violência contra a mulher ou contra pequenos ilícitos.

A privatização de um recurso torna-o escasso quando um privatizante adquire a capacidade e/ou autoridade para regular o acesso a ele. O recurso em si não é realmente escasso, mas seu consumo não é mais livremente exercido – o que o tornaria sem valor econômico, político ou social – e, sim, sujeito a regras. A capacidade de regular o consumo de um recurso abundante supõe a existência de um regulador reconhecido como tal, ou seja, uma instituição ou um grupo de pessoas aos quais é concedida autoridade para regular o acesso a um recurso abundante. A sequência é: um recurso, um bem, depois escasso, porque foi regulado. Se não houvesse a regulação não haveria o recurso como tal. Os bens escassos por regulação só emergem, portanto, depois de se cristalizar e aceitam a notoriedade de um privatizador ou regulador.

Ser uma mulher, ou ser um negro, é algo independente da vontade do ser humano, como é normal, até o momento em que um grupo de pessoas ou uma instituição obtenham sucesso em se estabilizarem como privatizadores desses atributos adstritos (quer dizer, não adquiridos) e, por via de consequência, codifiquem o que significa ser uma mulher, ou ser um negro. Desde então, para ser uma mulher, em certos círculos sociais, qualquer ser humano do sexo feminino deverá amoldar-se a um tipo específico de mulher, isto é, que adote e respeite as regras e condutas do que significa ser mulher, naquele círculo. É óbvio que essa pessoa possui livre arbítrio para rejeitar a regulação, mas, ao fazê-lo, estará despojada de sua feminilidade, como recurso, naquele círculo; amargará o ostracismo. O mesmo mecanismo de privatização de um recurso natural, provocando escassez e o transformando em um "bem" se ajusta aos negros. A negritude como recurso é a negritude regulada, não mais o(a) ser negro(a), naturalmente. A recusa, tal como no exemplo da noção regulada de "ser mulher", recebe, como punição, o ostracismo no círculo de referência.

Agora resulta claro entender por que os bens públicos "privados" são dotados das peculiares propriedades antes debatidas. Um bem público "privado" é um bem escasso por via de regulação, de onde se deriva o mecanismo de que é o consumo que induz a produção: o que se consome não é o bem, e sim sua regulação. Tendo por suposto que a quantidade do que pode ser regulado é teoricamente ilimitado, o requisito fundamental para consumo desse tipo de "bem" obriga à aceitação das regras para sua produção, o que equivale a dizer, assegurar fidelidade ao movimento, aos líderes ou às organizações que o regulam.

Eis uma consequência de alta relevância derivada desse tipo de associação: dada a premissa de que o valor de um bem é função de sua escassez, um bem escasso por regulação será tão mais valioso, quanto mais extensa for a adesão às regras da regulação, isso é, quanto maior for o número de consumidores das regras como sinônimo do usufruto de um "bem". Segue-se que, na condição de um "bem" adequadamente categorizado, quanto maior o seu consumo, mais escasso ele se tornaria, para terceiros não convertidos, independentemente do aumento na sua produção. Porém, assentado que o consumo de um "bem" desse tipo é, na verdade, o consumo de sua regulação, os acréscimos no consumo não dependem de aumentos no consumo individual, e sim no aumento do número de consumidores. Assim, quanto maior o número de consumidores, mais escasso e, em decorrência, mais valioso se consagra o bem. O valor de um bem escasso por regulação, portanto, decorre da taxa de conversão de potenciais em efetivos consumidores, o que, estritamente, depende unicamente da aceitação das regras para seu consumo.

Ora, em sua condição original, a mobilização de atributos naturais dispensa regras específicas e ocorre sempre que necessário ou desejado pelos sujeitos desses atributos. Para cercear a liberdade subjetiva de utilização de um recurso natural, ou seja, evitar que qualquer pessoa consuma o "bem", que ainda não é, propriamente um bem, mas um recurso abundante, é absolutamente indispensável a persuasão de potenciais consumidores (mulheres, negros, por exemplo) de que as "barreiras para a entrada" ao consumo, isto é, a regulação proposta, é legítima. A lógica dos movimentos sociais se revela, enfim, pré-olsoniana no sentido de que o regulador, seja um reformista religioso, seja uma organização, não dispõe de benefícios adicionais aos membros de um movimento além dos previstos na regulação do movimento em si. O único modo de atrair pessoas para a criação do movimento ou da organização é mediante convencimento, estando vedada a coerção, por ilegal, e os benefícios laterais, por inexistentes. Não obstante, embora seja sugestiva a tese de que a lógica de criação dos movimentos sociais transcende o escopo da teoria de Olson, não é seguro que escape de todo ao cálculo racional maximizador.

4

Quem planeja instituir a privatização ou regulação do consumo de qualquer coisa que pertença, de fato ou por julgamento, a certo grupo de pessoas, enfrentará, de imediato, a resistência da maioria se não da totalidade do grupo. Na verdade, em nome de qual razão alguém aceitaria se submeter a regulações do que significa ser negro, justo ou religioso, se ele/ela tem completa consciência de que é o que é, sem autorização de ninguém, e de que ele/ela é capaz de decidir (julgar) por si próprio como se comportar de modo adequado a seu modo de ser? A criação de bens escassos por via de regulação, através de movimentos sociais ou organizações estruturadas, implica, necessariamente, perda de autonomia individual e de liberdade pessoal dos que absorvem a regulação. Dessa forma, mesmo admitindo a plausibilidade de que os benefícios do consumo de tais bens são, pelo menos, iguais ao custo de produzi-los, esse mesmo custo, por outro lado, pode alcançar valores bastante elevados. A história da criação dos sindicatos operários durante o século XIX europeu provê generoso número de exemplos em que a identidade de ser "sapateiro", por exemplo, com certa pauta de direitos associados à profissão, abarcou algumas décadas de severos conflitos. A formação de identidades transcendentes à sua naturalidade própria inaugura uma empresa de custos incertos e sucesso duvidoso. Por que e quando alguém decide pagar por elas, aliando-se a movimentos ou a organizações, antes que limitar-se à identidade natural, tradicional e convencionalmente definida?

No cálculo de qualquer reformador religioso, social ou político, no entanto, o patamar inicial da empreita é constituído pela persuasão de que não há identidades naturais. Não se é negro porque se nasceu com determinado tipo de epiderme. Ou mulher, porque provida de útero. Essas são razões impostas como fundamento para o tipo de papel e de conduta social esperados de negros e de mulheres na sociedade em que vivem. Ser "naturalmente" negro ou "naturalmente" mulher comboia enorme catálogo de restrições, interditos e regras compulsórias de comportamento, as quais, na realidade, não decorrem de nenhum estado natural de ser negro ou mulher.

Demolida a "regulação natural", o potencial reformador se integra ao clube de candidatos a reformadores, e aí, compulsoriamente, levado à competição com seus iguais, isto é, outros candidatos a reformadores, com distintas propostas sobre como regular um "não bem" para transformá-lo em recurso, ou mesmo considerar que não deve haver regulação em absoluto. Em defesa do argumento da "regulação natural" os tradicionalistas não se eximem da disputa; ao contrário, pelejam para que as interações sociais permaneçam se processando conforme as regulações tradicionais em vigor.

À parte o competidor tradicional, a incógnita crucial no cálculo do candidato a privatizador é a definição do "inimigo" contra o qual a criação do movimento está sendo tentada. Com quem ou com qual segmento de outras identidades o novo recurso (o bem coletivo privado), se criado com sucesso, serve como moeda forte na negociação com outras identidades sociais do outro lado da mesa. O "bem coletivo privado" se converte em recurso de competição social precisamente porque alcança benefícios para o coletivo da nova identidade social, impossíveis de obter de outra maneira. Muito menos se mantida a ficção da "identidade natural". A essa altura do processo, não incomoda se o novo recurso, uma vez criado, será ou não um "bem público-público" e, em consequência, aberto ao usufruto daqueles que não colaboraram para sua criação. O problema do "carona" (*free-rider* na teoria olsoniana) não é impeditivo, como o é na teoria da ação coletiva clássica, de iniciativas destinadas a produzir um bem coletivo, bem entendido, quando se trata de um bem público privatizado.

Enquanto os benefícios auferidos pela organização ou o movimento sobrepujarem o custo da não criação do recurso, ou seja, o custo da "identidade natural", a ação é racional. Explicando melhor: quando um industrial se aventura a criar uma organização com a finalidade de defender os interesses de seu setor econômico, ele não leva tanto em conta o fato de que incorrerá em custos, ao passo que seus concorrentes do mesmo setor não incorrerão. Tampouco o inibirá não dispor de meios para evitar que os caronas venham a gozar das mesmas vantagens da organização criada. Pela exata razão de que se trata de um bem coletivo, os resultados da iniciativa do industrial pioneiro estão expostos à universalidade ou não exclusividade do consumo. Mas o ímpeto absolutamente relevante para a gestação do bem coletivo destina-se a evitar possíveis perdas decorrentes da ação de industriais competidores, sim, mas de outro setor econômico. Um cartel de produtores de amortecedores de veículos está em posição de impor preços exorbitantes aos produtores de eixos enquanto estes se mantiverem fragmentados, enfrentando cada um, isoladamente, o cartel de amortecedores. Não tendo a segurança de que um de seus colegas de ramo bancará os custos de protegê-lo contra seus adversários, faz-se racional, para ele, arcar com as despesas de criar a organização, a contratação dos serviços jurídicos para o setor, se e enquanto os custos de não criá-la, continuando exposto à ação coordenada do cartel de amortecedores, forem bem mais altos do que os compromissos que venha a assumir no empenho de criar uma organização defensiva. É evidente que uma associação nascida para defesa de interesses em breve se orientará, igualmente, para decisões em busca de ganhos para seus membros. O cálculo do reformador, do pretenso reformador ou o do criador da organização é o do conflito de interesses, não o da competição, e inerentemente ao cálculo do conflito, ele ainda precisa operar racionalmente, ou seja, como um maximizador.

O impulso inicial para a criação de movimentos sociais ou organizações é, nesse sentido, pré-olsoniano: o pioneiro produtor do bem coletivo não contará com benefícios laterais a serem concedidos, nem da capacidade de coagir os caronas não cooperadores. Não obstante, uma vez criado o movimento ou a organização, surge claramente uma importante diferença entre dois tipos de organizações. Se essa nova organização é provedora de um genuíno bem público, então o continuado apoio daqueles que se beneficiam dele dependerá da lógica de Olson; em outras palavras, ela terá de suprir benesses adicionais para os membros individuais, além do bem público, para que participem continuadamente da produção do bem coletivo. Caso, no entanto, o bem concedido seja escasso por via de regulação, então o suporte à organização dependerá da musculatura e autoridade morais para sustentar o monopólio da regulação, através da qual, como mencionado, o "bem" será usado em troca de benefícios para os consumidores da regulação. O uso do "bem" como bem, com benefícios a ele ligados, depende da sua criação como bem, que, por sua vez, depende de ser consumido, o que, finalmente, significa obediência à regulação estabelecendo que é a própria regulação o "bem" desejado.

Além dos custos decorrentes da perda de autonomia e de liberdade pessoal, no caso dos bens escassos por via de regulação produtores de identidades sociais, a sensação de fazer parte de determinado grupo, ainda subsiste o custo do conflito. No processo de produzir um novo recurso social, o reformador e seus seguidores iniciais arcarão com custos, sob a forma de dificuldades (discriminação, menosprezo, marginalização, abusos etc.) a eles infligidas pelos demais tipos de grupo, com recursos já criados, e em especial por algum grupo em relação a uma nova religião. Assim, a resistência dos iguais para abdicar da autonomia em favor do grupo é multiplicada pela percepção das dificuldades que lhes serão impostas, caso venham a abrir mão dela. Os direitos sociais estabelecidos funcionam, assim, como dissuasão contra a criação de novos direitos. Repita-se: pela lógica da persuasão, terá que ser demonstrado aos potenciais novos crentes que o custo da criação do movimento é menor do que o custo de não o criar. Tão logo se é convencido da legitimidade e eficácia desse cálculo, fica-se não apenas pronto para desistir da autonomia, como igualmente preparado para se engajar na tarefa de persuadir outros, com base na regra de quanto mais consumidores existirem, mais "escasso" o bem se torna e, desse modo, mais valor adquire.

Quando o movimento é bem-sucedido, entretanto, ocorre a subversão. Se, antes, foram superados e absorvidos custos a serem pagos para a criação do "bem", emergem agora os severos custos para aqueles que não participaram de sua criação, que não o consomem e que não se submetem a sua regulação. E tais custos irão variar de acordo com o grau de competição que exista. Quanto mais organizações concorrerem pela regulação do mesmo "bem" (ser negro, ser mulher) menor será o custo de não ceder às regulações de nenhuma delas. Em contraste, se apenas uma organização ou movimento detiver o monopólio da provisão de certo bem, então o custo de não o consumir (dizendo de outra forma: de não abrir mão da autonomia e da liberdade) pode ser extremamente elevado. Algumas vezes, mesmo quando o bem é consumido como autocondenação pela prévia descrença, a pessoa ainda pode ser, só por esse fato, morta.

5

A competição pela liderança na formação de identidades – a multiplicidade de identidades sociais reguladas, iguais, porém, diferentes – foi absorvida pela sociedade e, até certo ponto, considerada inerente às sociedades pluralistas. Desde a pré-história do fenômeno, com a truculência entre grupos de sindicalistas reivindicando para a sua organização a virtude de ser a verdadeira expressão do ser "ferroviário" ou "tecelão" ou "mineiro", até os contemporâneos atritos entre centrais ou federações, a faceta belicosa dos processos de formação de identidades – que, sempre lembrando, significa a substituição de uma "identidade natural", transformando-a em recurso para a produção de um bem coletivo, privadamente consumido –, e a disputa ocasionalmente violenta entre grupos de mesma "identidade natural", pertencem à ordem democrática. Mesmo a concorrência entre capitalistas se apresenta como defesa contra a constituição de monopólios danosos à liberdade de escolha do público em geral. Este é o mundo das organizações benignas; contudo, apenas parte do universo de identidades e organizações operando nas sociedades democráticas. Não são as únicas.

Associações criminosas percorrem as mesmas etapas para se constituírem, sobreviverem e expandirem. Também as máfias, as tradicionais e as modernas, os grupos profissionais de extermínio, as empresas controladoras de circuitos de tráfico, armas, mulheres e escravos enfrentam o paradoxo das igrejas e as soluções adotadas não diferem substancialmente das utilizadas pelas associações "benignas". Também se faz necessário substituir as "identidades naturais" de grupos específicos por marcadores exclusivos, em oposição a grupos competidores. Em outras palavras, e não para ser trivialmente chocante, a formação do Comando Vermelho, do PCC, da ADA, entre outras, trilharam sendas bem conhecidas, por exemplo, pela CUT e pela Força Sindical. Conceitualmente, o nascimento de um grupo maligno se processa de acordo com o mesmo cálculo de uma organização não governamental constituída para defesa de uma comunidade vulnerável. Como registrado anteriormente, o início de uma ação coletiva – a criação de um bem público – enfrenta obstáculos distintos das dificuldades posteriores, seja para a sobrevivência da ação, em seu feitio organizacional, seja para reduzir o número dos caronas, os que se beneficiam de suas externalidades positivas sem contribuir para sua constituição e manutenção. A lógica da iniciativa de criar um bem coletivo, solitariamente, ou na companhia de poucos cooperadores, requer a introdução de dois conceitos até agora subentendidos: o custo da não produção do bem coletivo, isto é, o custo do *status quo*, e o custo do fracasso da iniciativa de criá-lo.

Embora internalizado na economia subjetiva das pessoas, o *status quo* não é gratuito. As "identidades naturais" obtêm recompensas e punições (custos) diariamente sem se darem conta de que nem umas nem outras são, de fato, naturais. Os exemplos mais ostensivos são os já citados "ser negro" ou "ser mulher". Antes que diversos agrupamentos conseguissem estabilidade e instaurar formas alternativas de "ser negro" e "ser mulher", as "identidades naturais" proviam os códigos de condutas a serem obedecidos e aos quais se associavam bônus e privações, sem que fossem percebidos como os "custos" do *status quo* e, feitas as contas, as privações superassem as recompensas. Na realidade, as recompensas consistiam em não coagir àqueles que não se rebelassem contra as privações. Em termos mercantis, pagamento de salários diferenciados entre homens e mulheres trabalhando nas mesmas funções, clubes e locais tacitamente vedados à frequência de negros e de negras, ocupações que discriminavam gênero ou cor da pele, eis algumas das múltiplas e óbvias privações inseridas nos custos do *status quo*, ou seja, das "identidades naturais". Rebelar-se contra o *status quo* significava violentar o código de conduta previsto para tais "identidades naturais", com as consequentes punições de perda de emprego, ostracismo, e até alcançando a violência física. Aceitar o *status quo* significava, portanto, absorver os custos das "identidades naturais"; rebelar-se, arriscar-se a punições, ou seja, ao aumento dos custos do *status quo*, desemprego, por exemplo.

A tentativa de renúncia à "identidade natural", aos custos do *status quo*, instaurava a possibilidade de aumentos nesses custos na medida em que a renúncia, a rebeldia, fracassasse. A ação tendo por objetivo substituir as "identidades naturais" obrigava a um cálculo subjetivo das probabilidades do fracasso da iniciativa e o provável custo a ele associado. O motivo e a lógica que impulsionam o primeiro ou primeiros indivíduos a desafiarem o *status quo* das "identidades naturais" pertencem provavelmente à biopsicologia, aos mecanismos cerebrais que dispõem algumas pessoas a se submeterem às condições do mundo somente até certo limite, revoltando-se em seguida. Instaurada a rebelião contra o estado do mundo, cria-se uma segunda parcela para a avaliação do custo do *status quo*: o custo do fracasso da rebelião comparado ao custo de aceitação da "identidade natural".

Naturalmente, o custo do fracasso de participar, cooperativamente, na criação de uma identidade social substitutiva é bastante elevado. Entretanto, a repressão às rebeldias promovem inexoravelmente aumentos inflacionários nos custos do *status quo*, das "identidades naturais", independente de haver ou não participado da tentativa de alterar o próprio *status quo*. Comprovado pelas pesquisas sobre a gênese e expansão dos movimentos sociais, o custo do conformismo cresce em função da simples existência do inconformismo. Em consequência, tende a se reduzir a diferença entre os custos de eventual fracasso e os custos de não participar da tentativa de alterá-lo. Se convencionarmos que os custos do fracasso serão simbolizados por Cf e os do *status quo*, do conformismo, da não participação, por Cc, a dinâmica entre um grupo reduzido de pessoas tende a ser Cf maior do que Cc, com tendência para crescimento de Cc, quanto mais frequente for o inconformismo e eventuais derrotas (fracassos). Necessariamente, há um limite ao crescimento de Cf. Demissões, em certos casos, discriminações, em outros, e eventual violência física contra manifestações podem se multiplicar, mas não aumentar a intensidade: demissões coletivas são possíveis, mas não há como tornar uma demissão mais punitiva do que é. Mesmo a violência física contra inconformismos não deve ultrapassar, sistematicamente, a fronteira da legislação que a autoriza, embora eventualmente ocorra. Porém, mais importante do que um limite para Cc é a possibilidade de redução de Cf.

A redução dos custos do fracasso, coletiva e individualmente, é condição necessária para impedir a inflação nos custos do *status quo*. Karl Marx, no *18 Brumário*, sugere que os custos do fracasso são função mais ou menos linear decrescente do número de participantes. Logicamente, os custos de participação diminuem à medida que a probabilidade de fracasso, e dos custos destes, declina. Em alguns tipos de ação coletiva esta regra dedutiva não tem validade; em outras, contudo, ela se aplica e é condição suficiente para a continuada produção do bem coletivo. Tipicamente, tal é o caso dos bens coletivos privadamente consumidos.

O ordenamento comum no início de uma ação coletiva com objetivo de produzir bens públicos, privadamente consumidos, se torna, então: quanto maior o número de participantes (Cp), menor o custo do fracasso (Cf). Dado que o custo do *status quo* é crescente com o número de fracassos, quanto menor Cf, menor será o custo de participação (Cp). Criado o círculo virtuoso, em algum momento se obterá que o custo da participação (Cp) será menor do que o custo de não participação, que outro não é senão o Cc, ou seja, o custo do *status quo*, o custo do conformismo, o custo de permanecer com a "identidade natural". Estarão criadas as condições para a instauração de uma nova "identidade social". Como demonstrado antes, existe intensa competição entre várias propostas para a instituição da mesma "identidade social", ser negro ou ser mulher, por exemplo, competição que tende a persistir enquanto uma das propostas não capturar monopolisticamente os membros da mesma "identidade natural" para sua versão da nova "identidade social".

Todos os termos – Cp, Cc, Cf – variam de um setor social a outro, ou, mais precisamente, de identidades naturais a outras, esclarecendo lacunas de identidades sociais substitutivas de identidades naturais – a ocupação de catadores de lixo, bem como a de vendedores ambulantes, por exemplo –, ora por dificuldade física de recrutamento, ora por mobilidade aleatória da atividade. Excessivos custos associados a fracassos na tentativa de substituir identidades naturais contribuem para, em alguns casos, tecer uma longa história de tentativas fracassadas, cuja memória transforma-se em obstáculo para novas iniciativas. A história secular da organização dos camponeses (identidade natural) constitui dramático exemplo desta modalidade de criação de inéditas identidades sociais.

No submundo da ilegalidade, conquistar o monopólio da definição de "identidades sociais" implica apoderar-se dos bens associados a elas. A competição adquire, então, o valor extremo de eliminação do oponente, isto é, do contestador da universalidade da "identidade social" provida por sua organização. É em busca de instaurar o monopólio da provisão de certa "identidade social", tornando impositivas as regras programáticas de conduta, que entram em conflito mortal as máfias competitivas de toda espécie. Máfia, aqui, refere-se genericamente a toda organização que persiga monopolizar o processo de substituição de identidades naturais em uma identidade social específica.

Há períodos na história da humanidade em que conflitos mortais surgiram e se desenvolveram por razões substancialmente religiosas. Outros, recentes, por cobiça territorial, pelo direito de nominar porções do espaço do planeta. Enfim, multiplicam-se no mundo contemporâneo os conflitos gerados pela ambição de monopolizar a distribuição de vestígios do mal: drogas, armas, mulheres sexualmente escravizadas, órgãos vitais extraídos à força de seres saudáveis para contrabando a países ou hospitais especializados no atendimento à casta oligárquica que concentra o dinheiro do mundo.

O afã religioso, político, econômico, sem controle, estimulados por aqueles sequestrados pela propaganda do consumo de bens de extraordinária recompensa, compartilham a mesma raiz: o paradoxo das igrejas, a ilusão de que existam efetivamente bens cujo consumo privado os transforma em benefícios públicos. Eles são, todos, falsos como transcendência, mas realidades sociológicas e políticas de considerável poder explosivo.

WANDERLEY GUILHERME DOS SANTOS: ONTOLOGIA E POLÍTICA*

Cicero Araujo

Pelo que me informei sobre sua biografia intelectual, Wanderley Guilherme dos Santos concebeu *Discurso sobre o objeto: uma poética do social* (1990) num período de reviravolta acadêmica, decidido a "pular a cerca" dos campos disciplinares. Curioso: "cerca" que ele próprio havia ajudado a construir anos antes, ao alistar sua inteligência e capacidade de liderança institucional ao movimento que, no mundo acadêmico brasileiro, buscava demarcar a ciência política como uma disciplina claramente independente no interior das ciências sociais. Não nos enganemos, porém: esse engajamento anterior já era o resultado de uma outra autotransgressão, visto que havia criado para si, nos tempos do ISEB, antes de desembarcar nos Estados Unidos para fazer seu doutorado, a reputação de jovem e promissor teórico marxista...

Essa trajetória de infidelidade a territórios acadêmicos e ideológicos vai definir um pensamento muito independente, sem dúvida, mas poderia também ter inibido sua capacidade de dizer qualquer coisa mais construtiva sobre o mundo, caso ela o tivesse encaminhado para um

---

* Ensaio publicado originalmente em *Leituras críticas sobre Wanderley Guilherme dos Santos*, Editora UFMG, 2013.

ceticismo puramente crítico e *dissenter*. Contudo, ao contrário, resolveu fazer desse mesmo ceticismo uma versão positiva, com certo tom católico que, sem deixar de ser crítica, dedica-se a um projeto de miscigenação e sincretismo de correntes e tendências. De fato, a obra acima citada, que estará no centro das observações deste artigo, apesar de seus momentos de acidez, não é propriamente, como pode parecer, um repúdio teórico a todas as teorias e nem mesmo às suas inclinações anteriores, mas, antes, um novo acréscimo. Ou melhor, uma síntese peculiaríssima que, misturando o rigor lógico com a irreverência literária, busca recuperar suas diversas experiências intelectuais: na filosofia, no ISEB, no marxismo, no pensamento social brasileiro, na escola americana de ciência política, na economia, na antropologia... A registrar, no texto, a bem perceptível influência dessa última, resultado de suas então recentes incursões, como "estudante" cinquentão, nos cursos de pós-graduação do Museu Nacional. Influência, porém, que não obscurece – pelo contrário, apenas faz ressaltar – as demais citadas.

Contudo, é difícil examinar esse pequeno livro como uma obra isolada, ainda que o próprio autor não costume fazer remissão a ela em outros livros ou artigos. Apesar de pouco lembrada, as teses ali expostas não ficam abandonadas à própria sorte, mas esparramam-se com significativas reelaborações em obras que, mesmo servindo a outros propósitos, conversam silenciosamente com aquele livro. Será preciso então remeter-se pelo menos a algumas delas para tentar completar o sentido de várias passagens que, em *Discurso sobre o objeto*, permanecem um tanto alusivas. Como tais obras se encarregam mais diretamente da análise política, lembrá-las fornecerá a oportunidade para um diálogo crítico com o autor, cruzando essas tantas variações de seu pensamento.

AS "ESTRUTURAS ELEMENTARES DA IGNORÂNCIA"

"Penso haver descoberto algo: simples e, ao mesmo tempo, devastador. Descobri, ou assim acredito, a razão da ignorância, sua natureza e sua função epistemológica em assuntos humanos. Este é meu ponto arquimediano."[1] Essas palavras meio retumbantes estão no Prólogo do *Discurso* e, de fato, servem de guia para a compreensão de todo o percurso do livro. Não tenho como discutir a aludida originalidade da tese: mesmo que possa ter havido antecedentes no campo da filosofia – o próprio autor lembra, no livro, a influência do "ceticismo moderno" –, os argumentos apresentados pelo autor estão voltados menos para a filosofia do que para a teoria social. Esses argumentos não querem apenas reforçar a (velha) ideia da alta precariedade do conhecimento nesse campo, mas mostrar algo positivo – seu papel na construção da ordem social. Um possível antecessor é a ideia da "ignorância racional", elaborada por Anthony Downs em *Uma teoria econômica da democracia* (1957). Mas os argumentos de Wanderley Guilherme não estão concentrados na *de-*

---

[1] Wanderley Guilherme dos Santos, *Discurso sobre o objeto: uma poética do social*. São Paulo, Companhia das Letras, 1990, p. 7-8.

cisão estratégica de não buscar mais informações, isto é, de "ignorá-las", em vista de seus custos marginais crescentes, como ocorre em Downs, mas no estado mesmo de ignorância inerente à vida social.

Em sua elaboração, Downs imagina dois estados de coisas radicalmente distintos: um primeiro, ideal, em que a informação sobre fatos relevantes à ação é "perfeita", ou seja, não há custos para a busca da informação; e outro, mais próximo do mundo real, onde esses custos existem. No primeiro caso, a ação social ocorre com eficiência "ótima", graças a sua perfeita transparência; no segundo, ao contrário, ela é bem menos eficiente, pois se dá sob uma névoa espessa que obriga os atores – vale dizer, os eleitores, pois o livro é dedicado a explicar o comportamento eleitoral – a recorrer a subterfúgios cognitivamente enganosos como a crença ideológica.[2] Wanderley Guilherme, ao contrário, quer mostrar que a primeira situação não só não é a ideal, mas, se existisse, inviabilizaria as próprias interações sociais. O problema do custo da informação, na verdade, é irrelevante. Em *O paradoxo de Rousseau: uma interpretação democrática da vontade geral* (2007), quando retoma esse assunto, ciente de sua possível confusão com o argumento de Downs, o autor diz:

> Sem dúvida, a ignorância é inevitável e até produz resultados positivos, mas isto se dá independentemente de qualquer cálculo 'racional' [...] Todavia, se viver em

---

[2] Cf. Anthony Downs [1957], *Uma teoria econômica da democracia*. São Paulo, Edusp, 1999, especialmente caps. 5 e 7.

ignorância é condição ontológica, optar por ela constitui perversão epistemológica.[3]

Para elaborar como a ignorância é fator constituinte da trama social e revelar suas "estruturas elementares", Wanderley investe contra pilares da metafísica tradicional moderna, como o princípio leibniziano da causalidade (o chamado "princípio da razão suficiente"), e radicaliza, para subvertê-lo em seu próprio terreno, o princípio cartesiano da subjetividade das representações mentais. Embora tenham sido enunciados em período pré-iluminista, ele os considera pontos de partida de toda uma herança intelectual que tem no "racionalismo iluminista" seu maior representante, herança que persiste forte na ciência contemporânea, inclusive na ciência social, malgrado suas reformulações aparentemente não metafísicas. Apesar do ataque implacável a esse legado, o autor mesmo reconhece suas dívidas – por exemplo, na crítica ao princípio da causalidade – a uma escola que surgiu justamente no Século das Luzes, e que produziu alguns dos grandes intelectuais setecentistas, como David Hume, Adam Smith, Adam Ferguson, do chamado "Iluminismo Escocês", além de Edmund Burke. Ferguson, diga-se de passagem, é inúmeras vezes lembrado pelo autor, em outras obras, em virtude de sua contribuição específica à ciência social, ao chamar atenção para a divergência radical entre ação e intenção, isto é, o problema dos resulta-

---

[3] Wanderley Guilherme dos Santos, *O paradoxo de Rousseau: uma interpretação democrática da vontade geral*. Rio de Janeiro, Rocco, 2007, p. 98-99.

dos não intencionais das interações humanas. Wanderley também está ciente de que esse descompasso intrínseco da vida social fora resgatado no século XX pela Escola Austríaca de Ludwig von Mises, Karl Popper e Friedrich Hayek, este último um dos primeiros entre os grandes pensadores contemporâneos a fazer a crítica do racionalismo, ou do iluminismo, no campo da ciência econômica e da filosofia política. O autor, evidentemente, não endossa o "laissez-fairismo" de Hayek, mas nunca deixa de registrar sua contribuição fundamental à denúncia das consequências "antilibertárias" do dogmatismo racionalista: voltaremos a esse tema mais abaixo.

Não é o caso de reconstruir a interpretação que faz do princípio leibniziano da razão suficiente,[4] a partir da qual propõe uma embocadura para sua crítica filosófica a diversas versões do princípio da causalidade. Cabe registrar que Wanderley não pretende com isso um assalto a toda sorte de explicação causal ou qualquer raciocínio de tipo causal como fonte válida de conhecimento, nas ciências naturais, e muito menos na teoria social. O que seria muito estranho, pois sua teoria política é repleta de explicações dessa natureza, e muito da reputação de cientista político assenta-se justamente na sua rara capacidade

---

[4] Em *Discurso sobre o objeto*, ele é assim formulado: "[...] nada existe sem uma razão pela qual deva existir, mais do que para não existir" (p. 17). Em *O paradoxo de Rousseau*, Wanderley concentra-se no ataque a uma versão aparentemente mais modesta, "rebento do senso comum, ajustado à escala newtoniana dos fenômenos": "[...] o princípio de que às mesmas causas hão de corresponder os mesmos efeitos" (p. 91). Ver, também, Wanderley Guilherme dos Santos, *Paradoxos do liberalismo*, 2ª ed., Rio de Janeiro, Revan, 1999, p. 19.

de elaborar hipóteses explicativas. Do ponto de vista epistemológico, ou, se quiserem, metodológico, a crítica apenas deveria levar à introdução de uma saudável reserva, um tempero de ceticismo a todas as explicações dessa natureza, particularmente no campo dos fenômenos sociais. Com efeito, esse tempero cético ele o exercita com especial veemência nas polêmicas, tão em voga na ciência política de nossos dias, sobre causas e efeitos dos arranjos institucionais.[5] Essa mesma veemência se volta também contra argumentos puramente normativos na disciplina: é como se temesse que a dispensa de hipóteses causais acabasse expondo o pensamento político a excessos especulativos e a um discurso refratário ao conteúdo empírico metodicamente controlado.

Mas por que então dedicar tanto espaço e dar tanta ênfase à crítica dos princípios de causalidade, e mesmo ao "pai" metafísico de todos eles, o princípio da razão suficiente? A resposta está nas suas consequências para imaginar a ontologia social, isto é, seu impacto nas teorias que procuram dar conta de como a sociedade e as interações sociais são possíveis. Essa é, para o autor, a questão-chave. E seu propósito, não sendo a rejeição pura e simples dos raciocínios causais, é deslocar inteiramente as "razões" subjacentes às interações sociais, isto é, suas "causas", do campo da necessidade para o da contingência. Isso significa, no fundo, imaginar uma estrutura de feixes causais muito mais aberta e complexa do que a

---

[5] Cf. Wanderley Guilherme dos Santos, *Governabilidade e democracia natural*. Rio de Janeiro, FGV, 2007.

do universo social mais ou menos determinista justificado pelo princípio leibniziano. Pois aquilo que, segundo esse universo, é deixado em aberto, no primeiro momento da explicação, como feixes indeterminados de causas, delineando assim "mundos possíveis" ou "contrafactuais", validados enquanto tais pelo princípio da razão *necessária* – o princípio da não contradição – é em seguida definitivamente fechado pela ideia da causa determinada de um fato ou acontecimento social, que então aparece como razão *suficiente* daquele fato ou acontecimento. No entanto, pode-se muito bem deixar intacto o princípio da não contradição – e não encontrei nenhuma reflexão do autor que o colocasse em dúvida –, o qual apenas traça o limite entre o possível e o impossível, e ao mesmo tempo não aceitar a ideia de que tais e tais causas são razões (necessárias e) suficientes de tais e tais efeitos. Rejeitar esse segundo passo é o mesmo que dizer que o feixe mais amplo de causas indeterminadas, constituindo um campo virtual de mundos alternativos, permanece potencialmente operante e não é dissolvido só porque uma das possibilidades se tornou o caso. É nesse sentido que a noção de causa desloca-se totalmente para o terreno do contingente. Nas palavras de Wanderley Guilherme,

> o princípio de razão suficiente ou é vacuamente metafísico – onde há fumaça, há fogo – ou é o *falsum*, ou bem indica *tão somente a ausência de razão conhecida para que as coisas sejam de outro modo.* Mas dizer que x é a *razão* de y é bastante distinto de afirmar que não se conhece outra razão pela qual y.

Segue-se daí uma noção de causalidade alternativa, que aponta para uma "ontologia social distinta da ontologia naturalista dogmática", o princípio de razões e efeitos contingentes, assim enunciado: "tudo aquilo que existe poderia, *pela mesma razão que existe*, não existir; tudo aquilo que existe por alguma razão poderia existir por alguma outra razão."[6]

Vejamos suas consequências. Primeiro, no terreno do debate sobre epistemologia, não só a crítica de Karl Popper do critério positivista da verificação é endossada – nenhuma teoria ou hipótese causal é definitivamente validada só porque foi corroborada pelos fatos; porém, mais do que isso, o princípio se volta também contra o critério da falseabilidade: a não corroboração empírica de uma determinada hipótese pelos fatos não a rejeita definitivamente. Segundo a ontologia da contingência radical das causas e efeitos, a assimetria popperiana da verificação e falseação não se sustenta: "Se é vedado afirmar, em qualquer tópico, que uma proposição é definitivamente verdadeira, também se está impedido de sustentar, em matéria social, *e pelas mesmas razões*, que uma proposição é definitivamente falsa."[7] Fica claro, aqui, por que os mesmos efeitos podem eventualmente não se seguir das mesmas causas. O que é menos imediato, porém, de impacto, a meu ver, ainda mais interessante para a teoria social, é uma outra consequência desse mesmo ponto, que incide na seguinte possibilidade: que determinadas

---

[6] Santos, *Discurso sobre o objeto*, p. 34, grifos do autor.
[7] *Ibidem*, p. 36, grifos do autor.

causas produzam efeitos que atuem retroativamente sobre aquelas mesmas causas, anulando-as como fatores precipitantes de eventos futuros. Essa possibilidade gera raciocínios do tipo "o próprio sucesso (eficácia) de X leva à dissolução futura do mesmo X", ou "a explicação do sucesso (eficácia) de X pode acabar invalidando a mesma explicação para eventos decorrentes do sucesso de X"; ou então, invertendo o raciocínio, "o fracasso (ineficácia) de X pode levar à criação de condições que tornarão X eficaz no futuro", e assim por diante.

Mas é a terceira consequência, explorada com especial entusiasmo no *Discurso*, que soará a mais esquisita para o leitor. Confesso certa dificuldade de expô-la, mas tento. Trata-se de uma espécie de "teoria dos universos paralelos" voltada para as interações sociais – o autor a chama de teoria do "pluriverso social". Enfim, a abolição do determinismo causal levando à abolição do monismo, a ideia de *uma única* ontologia plena e compreensiva, válida para todo o espaço social. Caminhando enfaticamente contra o monismo, a ontologia proposta por Wanderley é uma mistura, em princípio não limitada, de ontologias sociais, todas "compossíveis", porém, "incomensuráveis" entre si. No debate cosmológico da física contemporânea, a ideia dos universos paralelos serve, entre outras possibilidades, a cosmologias que supõem um período da história do universo em que diferentes e contraditórias leis da natureza em formação competem entre si; isso, até que, em período posterior, com seu "esfriamento", um determinado conjunto delas acaba prevalecendo e então decantando o mundo natural inanimado tal como o observamos hoje.[8] Mas enquanto poderia ter sido assim no mundo físico, é como se no mundo social esse "esfriamento" não tivesse ocorrido, ou não uniformemente em todo o espaço das interações, fazendo com que ontologias mais deterministas, "densas", para usar palavra do autor, coexistissem com ontologias menos deterministas, "rarefeitas".

Contudo, creio que mesmo essa comparação soaria naturalista demais aos olhos de Wanderley Guilherme, embora a imagem de um mundo habitado por seres animados, "quentes", já sugira uma descrição melhor. É que um mundo "quente" e animado traz à tona uma objetividade que não é constituída exatamente por objetos, no sentido de seres passivos inteiramente submissos a forças naturais – seres de naturezas-mortas, digamos assim –, mas por agentes, isto é, sujeitos-objetos. E isso muda tudo. Não é possível, nesse caso, descrever o mundo de forma totalmente independente do sujeito que o percebe. Porém, o que se sugere é mais do que dizer que o sujeito do conhecimento altera as condições do mundo natural objetivo ao buscar "medi-lo" ou informar-se sobre ele.

---

[8] Essa é a versão "evolucionista", entre muitas que circulam no debate cosmológico. Mas há versões ainda mais radicais, inspiradas na teoria da "paisagem" ou do "multiverso", na qual haveria uma coexistência atual desses diferentes universos, com suas diferentes leis da natureza, e não a suposta prevalência de um deles sobre os demais. Ver, a respeito, Marcelo Gleiser, *Criação imperfeita: cosmo, vida e o código oculto da natureza*, Rio de Janeiro, São Paulo, Record, 2010; e Leonard Susskind, *The Cosmic Landscape: String Theory and the Illusion of Intelligent Design*, Nova York, Little, Brown and Company, 2006.

O fato é que esse mundo objetivo mesmo, isto é, o mundo social, é constituído de sujeitos de conhecimento, ainda que não precisem se apresentar como cientistas sociais artificialmente distanciados de seus objetos de investigação. Mas o próprio cientista social nada mais seria do que um caso particular desse mundo (inter)subjetivado, que, no fundo, seria composto por inúmeros pequenos cientistas sociais à paisana, pela simples razão de que, para agir, eles inevitavelmente fazem suposições explícitas ou tácitas sobre o estado do mundo, incluindo aí os estados de consciência dos demais.

Em *Paradoxos do liberalismo*, obra escrita mais ou menos no mesmo período do livro aqui examinado, o autor diz:

> O mundo social não existe antes, mas simultaneamente à *representação* que dele fazem os homens. E as hipóteses que sobre ele se fazem não são irrelevantes no sentido discutido anteriormente; são imanentemente constitutivas dele. O mundo social é constituído pelos agentes e o comportamento dos agentes é regulado pela representação que elaboram sobre esse mesmo mundo.[9]

Se juntarmos essa passagem com o exposto antes, chegamos à apresentação de um espaço social composto de tantas ontologias quanto diferentes forem os tipos possíveis de interação sujeito-objeto. No *Discurso*, o autor faz um esboço bem simplificado dessa visão, desenhando

---

[9] Santos, *Paradoxos do liberalismo*, p. 11.

quatro ontologias alternativas. A simplificação está em que ele imagina um quadro em que o sujeito do conhecimento aparece separado – artificialmente, claro – dos agentes: isto é, de um lado, o sujeito do conhecimento que visa dar inteligência às interações e, do outro, as próprias interações, a relação agente-agente. Nesse quadro, Wanderley procura dar conta e redescrever as grandes concepções da teoria social clássica, conforme as diferentes (e contraditórias) suposições que fazem sobre a relação sujeito do conhecimento – na verdade, o próprio teórico social tipificado – e interação agente-agente: "A ignorância ilustrada privilegiou autores ou doutrinas como os sujeitos de conhecimento, sendo os demais apenas agentes. Em realidade, sujeitos e agentes são sempre e sempre uma e uma só pessoa [...]".[10]

O quadro expõe um arco de ontologias elementares plausíveis, dependendo de se o sujeito do conhecimento considera que seu ponto de vista interfere na própria descrição das interações sociais e, portanto, só as compreende por imputar-lhes um sentido (1) ou, ao contrário, se adota a perspectiva de um observador perfeitamente distanciado/passivo em relação a essas mesmas interações (2); por outro lado, as interações podem ser vistas como determinadas pelas intenções dos agentes (3) ou, ao contrário, vistas produzindo resultados não intencionais (4). Cruzando os dois tipos de sujeitos com os dois tipos de interações, encontramos os seguintes mundos sociais alternativos: o mundo A, resultado da conexão de (1) com

---

[10] Santos, *Discurso sobre o objeto*, p. 79.

(3), que Wanderley entende como um mundo contratualista (o mundo a Hobbes ou a Locke), "instaurado voluntariamente pelos agentes sociais, estritamente conforme seus arquétipos, mas que ao mesmo tempo só se deixa descobrir ao conhecimento [...] pela imputação de sentido ou de intencionalidade"; o mundo B, resultante de (1) e (4), interpretado como um mundo weberiano: "embora os agentes não sejam os autores deliberados da ordem material", essa mesma ordem, que os transcende enquanto agentes, não os transcende "como sujeito do conhecimento"; o mundo C, fruto de (2) e (3), a Vico: "ele próprio, sujeito, em nada interfere na constituição da ordem, enquanto objeto de conhecimento, mas os agentes individuais, sim, seriam autores responsáveis pelos processos coagulados existentes"; e o mundo D, em que se cruzam (2) e (4), a Marx ou a Durkheim: "no qual os processos coagulados, muito embora [...] fabricados por mortais artesãos, escapam-lhes aos desígnios, à vontade e à expectativa", mas, ao mesmo tempo, são objetivamente inteligíveis por um "sujeito discreto", convenientemente afastado "das neuroses" que distorcem as representações que se fazem dos agentes.[11]

O leitor poderá objetar às leituras explícitas ou subjacentes que o autor faz das grandes correntes e seus porta-vozes. Eu mesmo as estou reduzindo bastante aqui, porque não me parece ser o ponto mais relevante. Cada alternativa, é claro, poderia receber as devidas complicações, produzindo nuanças ou subtipos A', A"..., B', B" etc. Weber

---

[11] *Ibidem*, p. 64-66.

poderia não estar exatamente em B, assim como Marx não estar em D, mas em algum lugar sutilmente intermediário entre os grandes tipos simplificados. Mas se quisermos entrar no jogo proposto pelo autor, teremos de entendê-los como esboços, um esquema de verossimilhanças ou, para aplicar um termo caro a Wanderley, no livro, um esquema de "metáforas" que, por uma dialética de identidades e diferenças, possibilita a comunicação com o leitor.

De qualquer forma,

> nenhuma representação geradora de proposições bem formadas pertencentes a qualquer uma das ordens – e que são, em consequência, verdadeiras ou falsas nessa mesma ordem – é passível de tradução consistente em qualquer outra ordem. A contradição material mora no mundo; no fluxo das representações, só sob forma metafórica.[12]

O uso criativo que faz da ideia de metáfora revela o impacto que o estudo da antropologia estrutural (Lévi-Strauss) estava então produzindo no autor. Ele mesmo diz que estava estendendo para seu esquema das ontologias sociais modernas a explicação que Lévi-Strauss oferece para o totemismo nas sociedades primitivas, a qual faz com que a ordem e hierarquia dessas sociedades emerjam de um jogo de analogias (uma forma de metáfora) entre grupos sociais e objetos do mundo natural animado e inanimado.[13]

---

[12] *Ibidem*, p. 83.
[13] *Ibidem*, p. 92.

A ideia da metáfora permite também sugerir uma possível dinâmica ou movimentos de passagem entre as ontologias. Em vista do princípio das causalidades contingentes, interações representadas no mundo A podem, no devido tempo, "saltar" e ser vistas como próprias do mundo B, C ou D. Interações precariamente equilibradas em qualquer um desses mundos, devido às próprias "rotinas" que lhes são inerentes, vão silenciosamente modificando o estado de coisas existente até que, repentinamente, as representações se modificam de tal modo que já não mais se as vê (as interações) situadas naquele mesmo mundo: "[...] a recorrência de ciclos neoclássicos de retração-expansão econômica (mundo D) gera um hipotético C keynesiano, no qual os indivíduos assumiriam a iniciativa de intervir e fabricar o mundo conforme algumas putativas conexões entre eventos econômicos", sendo, porém, a transformação inversa tão plausível quanto a citada. Insisto no verbo "saltar", usado acima, pois a rejeição do princípio da razão suficiente varre consigo a noção da plenitude e continuidade do espaço social, ou seja, o princípio gêmeo segundo o qual cada ponto desse espaço é ligado por uma longa e ininterrupta cadeia causal. Se, porém, não há causas necessárias, também não haverá passagens contínuas: sendo os mundos A, B, C e D incomensuráveis entre si, só é possível imaginar passagens como saltos, entendidos agora como uma mudança no jogo das metáforas.

Gostaria de insistir um pouco mais na questão das metáforas e da "lógica metaforizante". Se é verdade que a inspiração vem da antropologia, é importante que se note a maneira diferenciada com que o autor chega à sua necessidade, e que vai nos levar de volta ao tema da "ignorância radical" como condição da ordem social. Apesar de sua crítica ao *cogito* racionalista cartesiano, seu ponto de partida é, sim, a afirmação de uma subjetividade irredutível, ainda que não cartesiana, das relações sociais. Antes mesmo de esboçar suas ontologias típicas, lá está o autor avisando dessa premissa:

> [...] o que cada indivíduo faz, enquanto agente social ou sujeito de conhecimento, aparece aos demais como opacidade, como estado de natureza, independentemente do que o indivíduo em questão creia quanto à eficácia criadora de sua ação, ou quanto a sua metarreflexão sobre si próprio enquanto sujeito de conhecimento.[14]

A última parte da citação sugere que essa névoa interposta aos agentes se faz presente também no próprio indivíduo em relação a si, mas não estou inteiramente certo a respeito, pois a ênfase do autor aqui é sobre a opacidade intersubjetiva que, à primeira vista, já torna incrivelmente complexo o problema da emergência da ordem social. Pois trata-se então de pensar a ordem como algum modo de "agregação" desses indivíduos, cujos estados de consciência possíveis ("representações") não apenas não são diretamente acessíveis aos demais, mas são multiplicáveis ao infinito ("princípio da indeterminação da subjetividade").[15] Em *O paradoxo de Rousseau*, Wanderley

---

[14] *Ibidem*, p. 63. Ver, também, p. 103.
[15] Em *Paradoxos do liberalismo*, o autor supõe uma ordem social condicionada pela "representação" ou "conhecimento presuntivo" dos indivíduos a respeito dos estados de consciência uns dos outros,

Guilherme adiciona à ideia da multiplicidade infinita a da singularidade radical, endossando plenamente, desse modo, a visão romântica do sujeito:

> [...] a subjetividade humana é como uma impressão digital: não existem duas iguais.[16]

Parece-me evidente, portanto, que, se partirmos de um nível tão alto de ignorância recíproca, nenhum cálculo estratégico poderia retirar os agentes de um hipotético estado de natureza hobbesiano. Na verdade, teríamos de concluir que a ordem social é um completo enigma: o dilema do prisioneiro em sentido estrito seria de fato um problema sem solução. Mas Wanderley Guilherme, ao

---

conhecimento esse sustentado por raciocínios indutivos (do tipo "o futuro repetirá a regularidade observada no passado"). Mas, em conformidade com o princípio que acabei de mencionar, esses raciocínios só podem ser muito precários, pois estão expostos às surpresas derivadas da indeterminação da subjetividade: "Existe um segmento na ordem objetiva que é opaco à subjetividade dos sujeitos do conhecimento. Trata-se do segmento constituído pela subjetividade dos demais sujeitos, em relação à qual é apropriado falar em conhecimento *presuntivo* (guiado pelo princípio da indução) antes que de conhecimento objetivo [...] A ação surpreendente lembra-nos, às vezes, de forma drástica, a fragilidade da presunção indutiva ou, mais precisamente, os limites da representação" (Santos, *Paradoxos do liberalismo*, p. 24, grifo do autor).

[16] Santos, *O paradoxo de Rousseau*, p. 145. "A recuperação da subjetividade nada deve ao cartesianismo. No início do século XX, Antonio Machado, um poeta sevilhano, dizia em um de seus cantares: 'Já houve quem pensou: *cogito, ergo num sum*. Que exagero!' Não, não era exagero! Os românticos diziam exatamente isso: enquanto não se alcançar o fim de Satã, o romantismo continuará infindável, pois cotérmino à subjetividade inexaurível" (*Ibidem*, p. 150).

criticá-la, inverte o sentido da questão: esse modo de enquadrar o problema da emergência da ordem social contém uma presunção não assumida – a de que, tivessem os agentes, em vez de ignorância, pleno conhecimento dos estados de consciência uns dos outros, todo o problema estaria resolvido. Eis aqui o ponto central de sua crítica. Suponhamos que houvesse esse conhecimento pleno e colocássemos em operação a capacidade dos agentes de calcular estrategicamente. Se assim fosse, conclui o autor, chegaríamos ao mesmo impasse da hipótese anterior, pois cada agente seria capaz de antecipar o próximo lance do outro, que por sua vez modificaria sua antecipação em virtude do conhecimento das preferências do primeiro, que então modificaria a sua anterior etc. Isto é, o resultado desse jogo estratégico infernal seria o perecimento da vida social "por hesitação, tal qual o asno de Buridan".

Enfim, o furo básico de toda a questão é a suposição de que os agentes só poderiam interagir por intermédio do cálculo estratégico. Não é que esteja rejeitando a plausibilidade do cálculo estratégico, sendo este um dos ingredientes de uma ou mais ontologias sociais possíveis, além de ferramenta heurística das mais recorrentes do próprio autor como analista político e social. O ponto a criticar é, antes, o das teorias sociais que fazem o cálculo estratégico entre indivíduos cúmplice do dogmatismo naturalista e, portanto, de todos os princípios e critérios que lhe são irmanados, os quais o livro, como vimos, se dedica a rejeitar. Nesse sentido, as diversas versões da assim chamada "teoria da escolha racional" são tão criticáveis quanto o marxismo, o funcionalismo etc. Contudo, como o autor assume de partida o princípio da indeterminação da subjetividade, decorre daí sua eleição da ignorância como problema da emergência da ordem social e, ao mesmo tempo, como sua solução. Para chegar a ela, porém, o autor recorre à lógica metaforizante, em vez de recorrer ao cálculo estratégico puro e simples.

Explicar a estrutura de uma lógica metaforizante, devo registrar, é algo que escapa à minha competência. De modo que só posso comentar a partir daquilo que o próprio autor indica no capítulo 7 do livro, que já contém passagens um tanto vagas, as quais, até onde sei, não são melhor desenvolvidas em nenhum outro texto posterior. Pois bem, esse capítulo comenta justamente o tópico introduzido acima: se as ontologias sociais são compossíveis e incomensuráveis entre si, como poderiam se dar as transformações (ou saltos) de umas em outras? A pergunta, porém, vem junto com esta: como explicar as condições que originam cada uma dessas ontologias? O autor escolhe indicar uma resposta partindo do mundo A e então mostrar como daí poderíamos passar para B, C ou D. Uma das passagens mais interessantes ilustrada no livro é a que vai de A para D; essas, aliás, ocupam as posições de duas alternativas extremas: a primeira, mais "rarefeita" e a última, mais "densa". O autor alerta que essa é apenas uma de muitas exposições possíveis, e que não deve ser entendida num sentido temporal ou ao modo de "estágios". Mas não me parece fortuito que ele parta do mundo A. Este representa, em princípio, um espaço onde reinaria a completa arbitrariedade individual – o estado de natureza hobbesiano, digamos. Explicar a emergência da ordem social, ali, para quem parte da ideia de uma subjetividade radical, como faz o autor, sugere um desafio mais básico do que o do mundo B, C ou D. Se há ordem no mundo A, é porque os indivíduos são capazes de reduzir mesmo o maior estoque possível de ações arbitrárias. De que maneira? – "Tal procedimento, digo, é a metáfora."[17]

A metáfora é uma espécie de código ou linguagem de relações que, em vez de dizer o que são as coisas em si mesmas, estabelece conexões entre elas, mais ou menos proporcionais, de aproximação ou afastamento. O deus X está para a agricultura assim como o deus Y está para o comércio, de modo que a relação entre a agricultura e o comércio corresponde à relação entre X e Y. Aqui, os deuses ou os totens ou os símbolos são produtos da subjetividade que acabam mediando as relações entre as atividades coletivas, dando-lhes um sentido comum, na forma de *status*, hierarquia, modo de distribuição e troca de bens etc., em suma, princípios de identidade e diferença que, em seu conjunto, produzem uma ordem social. Metáforas – no caso, analogias – são sinais deslizantes; elas nunca fixam os objetos a que aludem, apenas estabelecem relações, sempre passíveis de "ruídos", o que não é propriamente um problema, pois esses mesmos ruídos vão produzindo minúsculas fissuras que fazem emergir a mudança na aparente repetição.

Repetição: o "ritual", a prática que visa fixar as relações sociais mas que, exatamente por sua obsessiva reiteração, acaba levando à *poiesis*, o deslocamento de si

---

[17] Santos, *Discurso sobre o objeto*, p. 87.

mesma para algo surpreendente e inédito. "A lógica metaforizante filtra o arbítrio da subjetividade individualizante e instaura princípios significativos de identidades e diferenças" e, assim, o "potencial de desordem contido em A [...] é constrangido, *em seus efeitos públicos* [pois trata-se de instaurar, em A, uma ordem que só pode sê-lo por reconhecimento mútuo], pelos princípios da lógica metaforizante que [...] regulam a conversão do contingente privado em convenção pública".[18] Isso não significa que um determinado jogo de analogias e certa ordem social estejam óbvia e naturalmente relacionados um ao outro: no interior da vida comunal há sempre uma disputa, mesmo se muito subliminar, entre diferentes alternativas metafóricas que, em momentos críticos, podem colocar em causa e subverter intencionalmente o jogo predominante. Porém, uma vez estabilizada a convenção pública, nada garante uma indefinida reprodução *intencional* de qualquer um de seus jogos possíveis. Pode-se supor, por exemplo, que a própria rotina venha a produzir tal inércia a ponto de, modificando-as sorrateiramente, as relações adquirirem o caráter de um movimento mais ou menos mecânico, separado das intenções dos agentes. "Então, o que era interdependência por comunalidade metafórica reduz-se à interdependência, sem comunhão de sentido": passagem do mundo A para o mundo D.[19]

Lembremos, porém, que a razão que leva o autor a mobilizar a metáfora não é a mesma da antropologia de

---

[18] *Ibidem*, p. 91, grifo do autor.
[19] *Ibidem*, p. 99.

Lévi-Strauss, cujo ponto de partida, até onde sei, não é a indeterminação da subjetividade tal como elaborada por Wanderley Guilherme. Por isso mesmo, neste, a metáfora é subproduto da assunção da ignorância radical. Induzindo à metáfora, essa ignorância acaba, no fim das contas, assumindo um papel não de obstáculo, mas de precipitação da ordem social:

> Fosse cada evento social o resultado deliberado do cálculo e da coordenação do inimaginável número de agentes que, de um modo ou de outro, contribuíram para sua produção antivicoísta, isto é, fazendo-a sem conhecê-la, e a ordem estaria fadada a curta sobrevida. Nenhuma sociedade pode sustentar-se na informação total, no cálculo total, na coordenação total. Nem, de fato, sustenta-se. [Enfim,] é indispensável intuir que a ignorância é uma dádiva.[20]

Paradoxal ou não, o que o autor está nos dizendo é que essas reflexões sobre o elemento inerradicável de ignorância sobre o qual está assentada a sociedade, fornece-nos, sim, um conhecimento, talvez mínimo, mas fundamental. Conhecimento até conversível em sabedoria, porém de um tipo diferente da expressa na ironia socrática ("eu só sei que nada sei"). Não se pode saber o tamanho da ignorância humana, pois a cada novo terreno de luz que conquistamos, e justamente por isso, abre-se ao mesmo tempo um abismo ainda maior de escuridão até então despercebido: a cada nova resposta, um número

---

[20] *Ibidem*, p. 107-108.

inédito e ainda maior de perguntas e enigmas. Se, porém, não se pode nem de longe avaliar a dimensão do que não se conhece – afirmá-lo seria uma demonstração de arrogância intelectual disfarçada de humildade –, a investigação sobre os limites e possibilidades da vida social fornece um ponto de vista privilegiado para entender por quais razões estamos fadados a conviver com a falta de conhecimento. "O sujeito de conhecimento do social é mais sábio do que os demais sábios porque ignora mais, e ele ignora mais porque sabe... uma coisa a mais – ele sabe por que não sabe."[21]

DIVISÃO SOCIAL DO TRABALHO, MERCADO E POLÍTICA

Há um outro modo de compreender as razões e o papel da ignorância social, mais corriqueiro do que o exposto até aqui e com incidência mais direta no debate sobre a política moderna e contemporânea. Temos uma indicação dele no *Discurso sobre o objeto*, mas o raciocínio é melhor expandido em outras obras. A questão diz respeito à crescente discrepância entre conhecimento local e individual, de um lado, e conhecimento coletivo e global, de outro. Discrepância essa que decorre do alargamento da divisão social do trabalho e sua conversão em saber especializado. Tanto quanto a produtividade do trabalho, a divisão e a especialização fazem ampliar a taxas crescentes o conhecimento acumulado pela sociedade; contudo, também fazem encolher na mesma velocidade

---

[21] *Ibidem*, p. 105.

a proporção de conhecimento detido por setores, grupos ou indivíduos. Como uma tesoura que se abre, o conhecimento agregado cresce, mas a ignorância de cada um sobre esse agregado também. É fato que computadores cada vez mais rápidos podem processar, para um ponto qualquer da ramificação social, informações detidas no ponto mais distante. Porém, informação, embora valiosa para o conhecimento, não é igual a conhecimento: boa parte deste não pode nem mesmo ser computada.

Em *O paradoxo de Rousseau*, o autor procura integrar seu argumento sobre o papel da "ignorância radical", tal como reconstruído na seção anterior, a esse problema da divisão social do trabalho/divisão social do conhecimento. Creio, porém, que essa tentativa torna o argumento um tanto confuso, como pretendo mostrar em seguida. Como antes, sua estratégia é fazer uma espécie de "demonstração por absurdo", supondo a hipótese inversa. Dessa vez, porém, a hipótese não se limita a assumir o conhecimento pleno de cada indivíduo a respeito da "agenda de preferências" dos demais, mas adiciona a ele a presença ou ausência de divisão do trabalho/divisão do conhecimento. Assim, pretende-se chegar à mesma conclusão do argumento anterior, mas com uma ligeira diferença: de novo, os agentes tornam-se prisioneiros do conhecimento pleno, graças à paralisia provocada pelo desencadeamento de um processo de mudança infinita das preferências; porém, ao considerar a presença/ausência da divisão social do trabalho e (logo) conhecimento, Wanderley Guilherme admite duas exceções ao resultado. A primeira, ao considerar um estado social de avançada divisão de trabalho, mas no qual os interesses das partes separadas não seriam conflitantes, e sim complementares. Nesse caso, haveria, sim, cooperação social, mas, "até evidência em contrário [...] esta é uma sociedade de existência estritamente literária". A segunda, ao considerar um estado de fraca ou quase inexistente divisão de trabalho. O que esperar? Mesmo se houvesse conflito de interesses, este seria irrelevante, pois a ausência daquela divisão significa virtual autossuficiência das partes em atrito potencial. Pela mesma razão, seria irrelevante o conhecimento da agenda de preferências dos outros e suas consequências paralisantes: no fundo, tudo permaneceria como está, com ou sem conhecimento pleno. Mas a contrapartida dessa autossuficiência seria a completa estagnação social, pela falta do dinamismo "smithiano" que advém da interdependência desencadeada pela divisão do trabalho e do conhecimento.

Em outras palavras, sociedades de reduzida interdependência não explodem (apesar dos conflitos latentes), nem implodem (apesar da transparência), mas não mudam, senão talvez multissecularmente, por efeito de acasos darwinianos ou por impactos exógenos.[22]

A conclusão geral é que as sociedades em que vivemos só não se tornam cativas da paralisia ou da estagnação exatamente porque não vigem tais hipóteses (no limite, absurdas). Como se vê, a condição real nada mais seria do que a soma da ignorância da agenda de prefe-

---

[22] Santos, *O paradoxo de Rousseau*, p. 102.

rências com a ignorância que resulta da decalagem entre conhecimento coletivo e conhecimento individual.

Parece-me, no entanto, que o autor está lidando com dois argumentos bem distintos, cuja tentativa de unificação mais confunde do que esclarece. Como no *Discurso sobre o objeto*, penso que a ignorância recíproca dos estados de consciência é um argumento independente que, embora contestável, não precisa de nenhuma hipótese adicional para colocar-se de pé. Já a ignorância derivada da divisão do trabalho é um argumento que segue outra direção e, a meu ver, não pode supor, como hipótese inversa, aquele conhecimento pleno que, por absurdo, leva à conclusão do primeiro argumento. É verdade que a divisão social do trabalho leva a uma diferenciação do estoque de conhecimento disponível. Mas tal diferenciação apenas se dá porque esse estoque, mesmo se em contínua ampliação, não é idêntico ao conhecimento pleno, o que faz com que a divisão do trabalho não resulte numa distribuição igual de conhecimento: o que alguém situado num determinado lugar da rede de interações sociais conhece ou desconhece não é o mesmo nos demais lugares. Por isso, também, a uma distribuição desigual/diferencial do conhecimento agregado (coletivo, mas sempre limitado) corresponde uma distribuição desigual da ignorância. Ademais, houvesse conhecimento pleno, a que propósito serviria a divisão social do trabalho? Uma hipótese invalida automaticamente a outra – não vejo como juntá-las de modo coerente. Se seguirmos a primeira linha de argumento, a conclusão positiva é: graças à ignorância das preferências de cada um, os seres humanos são levados a interagir e as sociedades continuam a existir. Mas se seguirmos a segunda linha, a conclusão, um tanto diferente, é esta: graças à divisão social do trabalho e à ignorância desigual resultante, as sociedades existentes são capazes de se transformar, agir na direção de sua própria mudança.

Feito esse reparo no raciocínio do autor, gostaria de explorar um pouco mais as consequências dessa segunda linha de argumento. Como adiantei acima, ela incide num aspecto muito importante do debate sobre a política, ensejado, no caso de Wanderley, por uma profícua interlocução com o liberalismo clássico e contemporâneo (descontadas suas versões simplistas e puramente apologéticas). Até onde pude verificar, a reflexão se desdobra a partir do livro *Paradoxos do liberalismo* e prossegue até suas obras mais recentes. Em primeiro plano, o problema clássico-moderno das razões e dos limites do governo ou, mais amplamente, do Estado soberano – problema que o autor reelabora e traz para o debate mais contemporâneo sobre justiça e liberdade –, por um lado, e as relações entre indivíduo e Estado, Estado e mercado, por outro. Já em *Paradoxos do liberalismo* a discussão se entrelaça com o argumento sobre a divisão social do trabalho e as questões da ignorância e da causalidade que lhe são coadjuvantes. Mas, antes de recolocá-lo em operação aqui, será preciso resgatar os valores e a rede conceitual que o autor entende pertencerem à tradição liberal.

Parece-me que duas razões o levam a elaborar *por dentro* dessa tradição. Primeiro, a expressa adesão a seus valores fundamentais, listados assim no livro que acabo de mencionar: os direitos de liberdade em geral (de crença, de opinião, de reunião, de associação etc.); o direito, inspirado em Kant e Humboldt, "de cada um realizar o mais livre e diferencialmente sua potencialidade humana, nos limites de similar liberdade para os demais"; o princípio de que "todo exercício supérfluo do poder é tirânico" (Beccaria); e a crença "de que existe uma igualdade moral básica entre os seres humanos".[23] Poderíamos duvidar se tais valores são tão ligados assim à tradição liberal. Se os formularmos com suficiente generalidade, é certo que não. Mas o autor os apresenta de modo a não perdermos de vista o valor básico da individualidade, que informa todos os direitos, princípios e crenças que atribui à tradição. E isso, de fato, parece bem característico do liberalismo. A questão da individualidade também transparece na articulação dos argumentos que procuram definir as razões e os limites do Estado. É claro que se quiséssemos discutir a gênese histórica do Estado, esse ponto de partida seria inócuo e até ingênuo. Mas a intenção é bem outra: em vista daqueles valores, qual a necessidade e qual o campo de ação aceitável do Estado?

Essa última pergunta sugere um segundo motivo para o diálogo com o liberalismo. Exceto o anarquismo, que a abomina completamente, o liberalismo é a corrente do pensamento político mais desconfiada da ação do Estado, aquela que, mesmo a admitindo, o faz sempre se fixando no estrito limite do necessário. Daí sua propensão ao "laissez-fairismo" (em sentido não apenas econômico)

---

[23] Santos, *Paradoxos do liberalismo*, p. 12-13.

e à ideia do "Estado mínimo". Wanderley Guilherme de modo algum endossa o conteúdo da minimalidade que os "laissez-fairistas" contemporâneos procuram esgrimir contra os "estatistas". Mas ele acata os termos liberais da discussão justamente para mostrar que mesmo essa linha de defesa mais tênue do Estado teria de admitir nos dias de hoje algo muito mais robusto do que os liberais clássicos de fato admitiram – talvez corretamente, em seu tempo – e do que os neoliberais contemporâneos estariam dispostos a aceitar. Trata-se, portanto, a despeito da adesão a valores liberais, de uma estratégia de argumentação para criticar os meios pelos quais a tradição busca realizá-los.

Em suma, vendo, como os liberais, a instituição do governo como um meio para a realização de um fim, o autor define-a como o principal instrumento coletivo para a promoção da "boa sociedade" ou da sociedade "justa". Mas falar de justiça é falar de um critério de igualdade social. O assunto é bastante controverso, e o leque de possibilidades, grande. Porém, considerando apenas o conjunto dos valores liberais listados anteriormente, Wanderley responde à questão destacando a crença na equivalência moral básica dos seres humanos, que, interpretada à luz da primazia da individualidade, fornece como critério principal de justiça o direito humboldtiano de "cada um realizar plenamente suas potencialidades variadas".[24] Nesse sentido, promover a justiça, isto é, garantir a igualdade social, significa promover, mas com

---

[24] *Ibidem*, p. 28.

igualdade, a capacidade humana de produzir sua própria variedade. Poderíamos mesmo dizer, vinculando esse tópico à nossa seção anterior: garantir o direito/a liberdade igual à individuação, entendida esta como expressão das qualidades únicas da subjetividade humana. A fórmula, aparentemente simples, envolve um problema complicadíssimo de coordenação social. Pois trata-se agora (em termos kantianos) de compatibilizar o direito/a liberdade de cada um com o direito/a liberdade dos demais, de modo a neutralizar tendências sociais que hipertrofiem a capacidade de diferenciação de uns em detrimento dos outros, subvertendo, assim, o critério de igualdade.

O conjunto dessas tendências de desequilíbrio das condições (os meios) de viabilidade do valor básico da individuação é o que Wanderley Guilherme chama de "estado de natureza". Embora seja um conceito inspirado no pensamento contratualista, o estado de natureza não é aqui entendido como uma condição humana anterior, "histórica ou analiticamente", ao estado político (governo). Um é sempre coetâneo ao outro – afirmação que se torna razoavelmente inteligível se levarmos em conta os princípios da causalidade contingente e da indeterminação da subjetividade. Se às mesmas causas correspondessem os mesmos efeitos, a instauração do estado político significaria, de fato, a ultrapassagem definitiva do estado de natureza. Na verdade, porém, a ação do governo (ou do Estado soberano)[25] apenas modifica o estado de natu-

---

[25] Seria o caso de chamar a atenção para a diferença entre "governo" e "Estado", mas ela não é relevante para o argumento.

reza que a antecede; a reiteração mesma da ação que visa neutralizar aquele estado de natureza, nada mais faz do que produzir um novo estado de natureza, cujas características, em princípio, são indeterminadas, pois é impossível prever os efeitos agregados da modificação dos estados de consciência dos agentes sociais, resultante da intervenção estatal.

As consequências políticas que podemos extrair desse raciocínio são muito interessantes. Não tenho espaço para esmiuçá-las, mas gostaria de destacar duas que remetem a toda a discussão realizada até aqui. Primeiro, torna-se difícil endossar, mesmo partindo de premissas liberais, a defesa ultraliberal da superioridade alocativa (de bens de qualquer espécie) das interações sociais "espontâneas". Tanto ou mais que a intervenção "consciente" de uma agência coletiva central (governo), não há como afirmar de modo categórico o que resultará das incontáveis interações entregues à aleatoriedade. Em particular, é impossível mostrar que, ao fim e ao cabo, elas produzirão uma distribuição equilibrada de fatores sociais, ou comparativamente superior – em termos de eficácia econômica ou em termos de justiça – à ação governamental, sem recorrer à crença na "mão invisível", que misteriosamente alocaria aqueles fatores da melhor maneira possível. De fato, a mão invisível que Wanderley Guilherme tem em mente, por conta dos princípios ontológicos e epistemológicos que guiam sua reflexão, é apenas "a mão invisível do caos", o que o resguarda de qualquer aposta numa harmonia social pré ou pós-estabelecida, tanto quanto de um finalismo histórico. Resguardo esse que apenas se acentua quando traz à baila o argumento da divisão social do trabalho e a consequente divergência entre conhecimento coletivo global e conhecimento individual. Tal argumento lhe permite rejeitar também a defesa que faz Hayek do mercado econômico não regulado, que presume a capacidade deste último de difundir mais ou menos simetricamente, via sistema de preços, informações e conhecimento de um ponto da rede de trocas para todos os demais pontos. A brilhante crítica hayekiana da possibilidade do cálculo econômico por meio de uma agência reguladora central – crítica que dirige ao chamado "socialismo de mercado"[26] – deveria tê-lo tornado igualmente cético dessa capacidade de difusão espontânea de informação e conhecimento dos agentes situados nas margens. No fundo, *ambas* as agências estão colocadas em condições semelhantes de ignorância social, desde que ambas sejam desdobramentos de *um mesmo processo* de divisão social do trabalho, que torne o conhecimento coletivo agregado virtualmente inapreensível.

Esta última afirmação já nos remete para uma segunda grande consequência política das reflexões do autor, que é a de rejeitar concepções que trabalham com uma dualidade muito marcada entre Estado e mercado, como se fossem espaços sociais de naturezas inteiramente distintas, uma institucional e a outra não institucional. Ou seja, concepções que entendem o mercado como

---

[26] Cf., a respeito, Bruce Caldwell, "Hayek and Socialism", *Journal of Economic Literature*, XXXV, p. 1856-1890, 1997.

uma manifestação pura e simples do estado de natureza. Acontece que ambos, Estado e mercado, são resultantes de um mesmo movimento de institucionalização, voltado para enfrentar idêntico estado de natureza, o qual, como vimos, nunca se encerra. Esse permanente movimento de institucionalização, que poderíamos chamar também de "processo constituinte" da ordem social, é o que, parece-me, Wanderley Guilherme entenderia como o momento político por excelência da condição humana. É como se, enfim, a política nos remetesse insistentemente para o mundo A, esboçado páginas atrás, embora essa insistência acabasse também, no devido tempo, nos "expulsando" daquele mundo para nos colocar em B, C ou D. No mundo A, um mundo de instituições, convivem agências como Estado e mercado, mas suas interações recíprocas levam a efeitos imprevistos que, de qualquer forma, modificam o espaço social como um todo. Em *Paradoxos do liberalismo*, o autor utiliza o termo "mercado" como uma designação abarcadora desse mundo institucionalizado, assim definido: "conjunto de regras, escritas ou consuetudinárias, que ordenam o conflito sobre a distribuição das contingências sociais, ou sobre as próprias regras de distribuição."[27] As contingências sociais, por sua vez, representam todos os meios relevantes para a construção da "estima social", não importa se valores morais ou bens econômicos, sendo, por isso, objeto de disputa. Empregar a palavra "mercado" dessa forma tão abrangente, admite,

---

[27] Santos, *Paradoxos do liberalismo*, p. 21.

dá margem para confusão, mas, em troca, também serve para prevenir contra qualquer presunção de "objetividade natural" de sua existência. Assim, não haveria uma distinção essencial entre "mercado político" e "mercado econômico". Em princípio, todo espaço no qual há uma disputa institucionalizada (regrada) de contingências sociais é "mercado", a diferenciação em tipos diversos sendo apenas uma consequência de sua *mise-en-œuvre* através, especialmente, do processo de divisão social do trabalho e do conhecimento.

Assim como perante o ideal do mercado econômico desregulado, deveria seguir-se desse raciocínio uma atitude bastante circunspecta em relação ao voluntarismo da intervenção estatal. De fato, o voluntarismo tende a ser a via pela qual transgridem-se os limites justos do Estado, violação essa que é a própria definição de tirania ou despotismo.[28] Contudo, ainda que houvesse muitas dúvidas sobre a eficácia da ação governamental em qualquer aspecto da vida social, o autor acusa a insensatez de uma postura rigidamente abstencionista. De novo: se for bastante razoável pensar que das mesmas causas não seguem sempre os mesmos efeitos, não se pode esperar que uma ordem social aos moldes do liberalismo clássico venha a persistir através da simples reiteração dos princípios que a instauraram. Em *Paradoxos do liberalismo*, – Wanderley Guilherme faz um extenso comentário sobre os fatores de "decadência" da ordem social liberal, endógenos às suas próprias operações, o que recomendaria

---

[28] Cf. *ibidem*, p. 29-30.

enérgica atividade estatal para neutralizá-los. Em obras posteriores, o autor vai falar do pesado ativismo governamental que uma posição conservadora, adequadamente entendida, está fadada a assumir em nosso tempo. Se por conservadorismo entendermos uma atitude favorável à manutenção do *status quo*, então os próprios custos dessa manutenção, cada vez mais elevados, levarão um governo conservador a interferir na vida social de uma forma inimaginável século e meio atrás:

> Visto o contínuo estado de mutação, a simples conservação do estado atual das coisas, isto é, a meta de mantê-las tal qual se encontram no presente, exige pronta intervenção política para que o *status quo* não se deteriore [...] Entre os processos em curso muitos não se sustentam sem amparo governamental. Além disso, tendências negativas também se encontram em operação, de tal modo que, não canceladas, promoverão o regresso.[29]

Porém, em países com uma "infraestrutura" social muito precária ou sujeita a rápidas transformações – péssimos índices de miséria, pobreza e desigualdade, aumento absoluto veloz da população etc. –, como é o caso do Brasil, mesmo um programa conservador nesse

---

[29] Santos, *O paradoxo de Rousseau*, p. 105-106. Cf., também, Wanderley Guilherme dos Santos, *Horizonte do desejo: instabilidade, fracasso coletivo e inércia social*, Rio de Janeiro, Editora FGV, 2006, p. 164: "Quando se examina a enorme complexidade implícita na existência aparentemente plácida do *status quo*, observa-se que os custos de assegurar as condições para que ele se autorregule, *sem deterioração*, são elevadíssimos" (grifos do autor).

sentido seria insustentável, dado que o patamar do *status quo* alcançado ainda produz sua própria desestabilização e regressão: "[...] há países que não se podem dar ao luxo de serem conservadores, sem que o impedimento anule a possibilidade de que sejam, então, piores, negligentes e retrógrados."[30]

O VALOR DA DEMOCRACIA

A questão da democracia no mundo contemporâneo, e a experiência democrática brasileira, em particular, abrangem, talvez, a maior parte da obra de Wanderley Guilherme dos Santos. Não sendo, porém, o objeto deste texto, gostaria apenas de apontar brevemente algumas afinidades entre as inquietações do autor sobre o tema e seu horizonte filosófico, tal como discutido até aqui.

Por conveniência, vou partir do problema da "insatisfação poliárquica". A importância dessa questão foi inspirada no estudo da obra de Robert Dahl, renomado cientista político norte-americano que inventou o conceito de "poliarquia", voltado para lidar com a democracia, não como ideal substantivo, mas como fenômeno institucional. Para o problema em tela, será preciso destacar três aspectos da poliarquia em Dahl: ela é uma forma de governo representativo, cuja marca é a competição eleitoral e a garantia do respeito a suas regras; ela universaliza a participação dos governados na forma do direito do voto; e pressupõe uma sociedade pluralista. Esses cri-

---

[30] Santos, *O paradoxo de Rousseau*, p. 106.

térios fazem da poliarquia uma forma de democracia *sui generis*, sem antepassado conhecido. (Dahl admite terem existido outras formas de democracia no passado, como a democracia grega;[31] já Wanderley Guilherme é mais estrito: não há experiência democrática sem universalização da participação, pelo menos a eleitoral, o que faz do surgimento das poliarquias, em fins do século XIX, a verdadeira certidão de nascimento da democracia na história mundial.)

Na medida mesmo em que a participação se universaliza, contudo, mais fica patente a contrariedade entre as decisões dos representantes, ainda que tomadas por um princípio majoritário, e as expectativas e os interesses da maior parte dos representados. À primeira vista, a frase soa estranha e até contraditória. Mas não, se evitarmos fundir numa mesma comunidade de interesses o corpo dos representados e dos representantes. A fusão é até plausível quando a massa do eleitorado é muito pequena e não há ainda uma clara separação entre a posição social dos governados e a dos governantes, como ocorre nos sistemas representativos "oligárquicos". Mas quando a desproporção entre o número de eleitores e o de eleitos aumenta gigantescamente, e o primeiro número corresponde a uma sociedade bem heterogênea (pluralista), como nas poliarquias, fica visível a impossibilidade de cada representante satisfazer a miríade de diferentes interesses de seus eleitores, que na verdade permanecem

---

[31] Robert Dahl, *Democracy and its Critics*, New Haven, Yale University Press, 1989, cap. 1.

invisíveis no jogo da representação. Assim, ainda que a decisão da assembleia dos representantes seja a de uma maioria (como tem de ser), essa não vai corresponder, mas provavelmente contrariar, a grande parcela da soma de interesses que o corpo dos representantes deixa de considerar em cada decisão. "Ou, quem diz democracia, diz insatisfação democrática".[32]

Esse fato só reforça a importância, nas democracias, das garantias constitucionais das minorias. Tal instrumento, porém, é apenas um paliativo. Na verdade, a "insatisfação poliárquica" é a ponta do *iceberg*, um dos aspectos de um problema muito mais amplo, como o próprio autor deixará claro. "A democracia é a única forma de exercício do poder político que reconhece como legítimas demandas a que não pode atender. Esta é a anomalia democrática."[33] Tal anomalia, como veremos, expressa, ao mesmo tempo, sua força e sua fraqueza. Mas de onde, afinal, podemos derivá-la? A questão nos remete para as ambíguas relações entre a vida institucional democrática e as características da subjetividade que vimos tratando neste texto. Essas relações foram indicadas numa conferência do autor em 1997 – publicada no ano seguinte na *Revista Brasileira de Ciências Sociais*[34] – e depois retomadas no

---

[32] Cf. Wanderley Guilherme dos Santos, "Poliarquia em 3-D: notas para uma revisão teórica". *Dados – Revista de Ciências Sociais*, v. 41, nº 2, p. 217. No artigo, o autor providencia uma demonstração mais rigorosa e formalizada desse argumento.
[33] Santos, *O paradoxo de Rousseau*, p. 143.
[34] Wanderley Guilherme dos Santos, "A anomalia democrática: adolescência e romantismo na história política". *Revista Brasileira de Ciências Sociais*, v. 13, nº 36, p. 5-11, 1998.

livro sobre o "paradoxo de Rousseau". Essa última obra visa à crítica das correntes que veem no formato institucional das democracias contemporâneas, em que predominam o jogo eleitoral e a prática representativa, o obstáculo central ao avanço da igualdade social. Por pregarem uma reforma da democracia que permitisse a participação direta e supostamente mais ativa do conjunto dos cidadãos no processo decisório, Wanderley chama essas correntes de "neorrepublicanas" e vai apontar Rousseau como uma de suas principais fontes inspiradoras. É interessante que o autor retome, nessa discussão, a crítica do Iluminismo racionalista, tal qual feita em *Discurso sobre o objeto*, e a incorpore ao debate sobre a reforma da democracia.

Embora um dos alvos da crítica seja o conceito de vontade geral e suas decorrências práticas, tenho a forte impressão de que haja alguma afinidade entre o voluntarismo de Rousseau e a "subjetividade romântica" resgatada por Wanderley Guilherme. Diga-se de passagem, há que não esquecer as relações muito ambivalentes do filósofo genebrino com o Iluminismo – ou, pelo menos, com sua faceta racionalista mais conhecida – e a tendência dos estudiosos de considerá-lo filosoficamente um autor pré-romântico.[35] No âmbito estrito do pensamento político, considero que a afinidade tem a ver com a impossibilidade de reduzir os caracteres "selvagens" tanto da vontade rousseauniana quanto daquela subjetividade que

---

[35] Sobre esse ponto, é muito esclarecedora a análise de Octavio Paz [1974], *Os filhos do barro*, Trad. Olga Savary, Rio de Janeiro, Nova Fronteira, 1984, cap. 2.

Wanderley descreve pelo seu princípio da indeterminação, a *quaisquer regras institucionais*, mesmo as da democracia poliárquica. Isso me parece muito evidente quando examinamos o problema da representação. O principal argumento de Rousseau para rejeitá-la diz respeito à impossibilidade lógica de delegar a vontade. "O poder [diz ele] pode transmitir-se; não, porém, a vontade"; e a razão disso é que a vontade é um atributo rigorosamente ligado ao sujeito que a possui – no fundo, não há faculdade humana mais subjetiva do que a vontade. Daí ser "absurdo submeter-se a vontade a grilhões futuros": sendo a soberania uma vontade, embora "geral", o povo não pode transmiti-la a outrem sem perder nesse mesmo ato sua qualidade essencial de ser povo, isto é, o de agir como soberano da cidade.[36] Similarmente – embora esteja claro que o autor não aceita o conceito de vontade *geral*, assunto a que retornarei em seguida – Wanderley Guilherme insiste diversas vezes (como já citado aqui), que a subjetividade é "como uma impressão digital, não existem duas iguais", o que torna patente o problema de sua (in)apreensibilidade pelo ato da representação. Não é que por causa disso fique inviabilizada a prática representativa. O autor, por certo, a tem como um dado institucional básico das democracias. Mas então seria necessário pensar a representação política de um modo que a des-subjetivasse – tornando-a, por exemplo, um simples ato convencional, uma "ficção" pragmática – mas não

---

[36] Jean-Jacques Rousseau, *Do contrato social* [1762], trad. Lourdes S. Machado, São Paulo, Abril Cultural, 1978, livro II, cap. 1.

conheço nenhum trabalho de Wanderley Guilherme que detalhe sua concepção de representação. Porém, ainda se esta seguisse a direção aqui sugerida, o autor certamente não aceitaria fazer o mesmo com o objeto da representação, digo, o próprio cidadão, cuja subjetividade radical (conforme o princípio da indeterminação) permanecerá, de qualquer modo, inapreensível pela convenção estabelecida. Segue-se daí um abismo entre representante e representado. Abismo, esse, que finalmente a democracia, em vez de esconder – como fizeram e fazem outras formas de governo –, o escancara: daí que chancele direito de cidadania a expectativas que simplesmente não pode atender.

Por outro lado, as propriedades ontológicas dessa "subjetividade romântica", apaixonadamente defendidas pelo autor, são muito consistentes com aquilo que ele considera, como vimos, um valor central da "boa sociedade" (a sociedade justa): a individualidade do cidadão. Mesmo que os regimes democráticos não signifiquem a sociedade justa realizada – lembremos que a democracia poliárquica é um conceito institucional, e não substantivo –, há uma relação importantíssima entre ambos: é certo que a democracia não garante a igualdade em todas as suas dimensões possíveis, em particular a socioeconômica, mas apenas a igualdade jurídico-política; contudo, essa última, ainda assim, é uma expressão fundamental da crença na equivalência moral dos seres humanos. E a que visa essa crença senão à possibilidade de cada um desenvolver suas "potencialidades variadas", vale dizer, aquilo que possa torná-lo diferente de todos os demais, segundo o princípio humboldtiano?[37] Eis aí a conexão política entre a subjetividade e o "compromisso romântico" de uma ordem social regida pela democracia.

Embora a defesa do legado do romantismo apareça num contexto de argumentação política, estética à parte, ela não deixa também de apresentar suas qualidades estéticas: a narrativa de um ideal (uma utopia) e a presença de um herói que lhe dá tensão dramática. Em Wanderley Guilherme, esse herói recebe o nome de "irredento". Não poderia haver, aliás, nome mais significativo para aquilo que apontei anteriormente como seu caráter "selvagem", no limite indomesticável por qualquer institucionalidade. Tal como o cidadão de Rousseau, o cidadão "irredento", embora "produtor de poder", não abre mão de sua independência em relação a qualquer poder institucionalizado, independência que se expressa na ideia de uma soberania essencialmente intransferível:

> Os produtores de poder, hoje, como sempre, são aqueles que não desistem de afirmar que o poder constituinte é algo intransferível, que há uma distinção entre poder constituinte e poder legislativo, e que, se foi a subjetividade que levou à democracia, também é essa subjetividade que impõe a perene demanda por novos

---

[37] Sobre o princípio romântico da infinita variedade humana como uma espécie de "negativo" do princípio leibniziano da razão suficiente, ver Arthur O. Lovejoy [1936], *The Great Chain of Being: A Study of the History of an Idea*, Nova York, Harper & Row, 1960, cap. X. Sobre os vínculos entre o liberalismo humboldtiano e o romantismo alemão, ver as indicações de Charles Taylor, *Sources of the Self: The Making of the Modern Identity*, Cambridge, Harvard University Press, 1989, p. 382 e 458, entre outras.

experimentos, novas formas de interação e novas propostas utópicas [...][38]

Porém, a despeito de que, nessa passagem, o autor também se refira ao irredento como uma "congregação comunitária",[39] a subjetividade que lhe é própria não parece ser compatível com a ideia de uma vontade *geral*. E esse é o ponto que, a meu ver, faz toda a diferença entre a perspectiva rousseauniana e a do autor. Assim como o irredento não transfere o essencial de sua liberdade para um poder institucionalizado, ele igualmente não o faz para uma coletividade, qualquer que seja. Nem essa coletividade poderia constituir uma "subjetividade" *writ large*: tal conceito seria não só filosoficamente insustentável, mas nefasto em termos políticos, por seu potencial antilibertário. Por isso, o "poder constituinte" a que se refere a citação acima só há de ser um poder de indivíduos, e não de um "povo", como exigiria um rousseauniano. Porém, o aspecto mais radical dessa subjetividade é que ela não pode nem mesmo emprestar uma identidade fixa ao agente individual. Daí que a "mesma" pessoa possa querer coisas perfeitamente opostas quando exerce, em momentos distintos, papéis também distintos na vida social. É essa incongruência que Wanderley Guilherme flagra quando descreve o "paradoxo de Rousseau": o que um indivíduo vier a desejar como parte integrante do soberano (como "cidadão") – na forma de uma lei que seja igual

---

[38] Santos, *O paradoxo de Rousseau*, p. 157.
[39] *Ibidem*, p. 156.

para todos –, ele desejará o contrário como "súdito", isto é, a exceção da lei.⁴⁰

Contudo, essa incongruência não é uma simples contradição do pensamento de um filósofo (Rousseau), mas é inerente à indeterminação da subjetividade e está inscrita, portanto, no cidadão "irredento". Mas assim como na sua inapreensão institucional ela pode servir de impulso para transcender *positivamente* a atual ordem das coisas, renovando a vida democrática, ela também pode sê-lo para subverter, *negativamente*, a própria democracia. Essa é a força e, ao mesmo tempo, a fraqueza da "anomalia democrática". Embora o autor, claro, reserve o primeiro papel, e não o segundo, para seu herói, faltaria reconhecer que ambos os "demônios", sim, disputam a alma do cidadão irredento. Precisamente isso, também, lhe fornece os ingredientes de um autêntico herói romântico.

E o que dizer da igualmente apaixonada defesa da institucionalidade democrática vigente, em especial a brasileira, e sua crítica enfática a fórmulas reformistas, não só do "neorrepublicanismo", como vimos, mas também de vozes importantes do chamado "institucionalismo"? Já se disse que, nesse ponto, Wanderley Guilherme herda a crítica ao "idealismo constitucional" que Oliveira Vianna fez aos liberais da Primeira República, assim como a prioridade da reforma social sobre a das regras do jogo político.⁴¹ Por outro lado, ele nada tem a ver com

---

⁴⁰ Ver, entre outras passagens, *ibidem*, p. 73.
⁴¹ Cf. Gildo Marçal Brandão, *Linhagens do pensamento político brasileiro*, São Paulo, Hucitec, 2007, cap. 1.

o "autoritarismo instrumental" que atribui ao próprio Oliveira Vianna. Ambos compartilham, de fato, uma visão bastante cinzenta das realidades sociológicas do país, o que, no caso de Wanderley, contrasta com a avaliação positiva da poliarquia brasileira. E quando, afinal, o balanço da "superestrutura" institucional se une ao da "infraestrutura" social – essa terminologia não é minha, mas do próprio autor –, como se vê no livro *Horizonte do desejo*, a cautela cética do "espírito científico" se revela por inteiro. Mas não vejo como conciliar pacificamente num mesmo todo essa atitude circunspecta com a impetuosidade do "espírito romântico", sempre a exigir mudanças, experimentações e quebras de rotina. Enfim, tais são os "demônios" que também disputam a alma do intelectual Wanderley Guilherme dos Santos.

À GUISA DE CONCLUSÃO

Consequência fatal: é impossível que exista uma teoria do social por via da generalização de alguma lógica prevalecente em algum plano do cubismo social [...] Eu, por mim, sou marxista, funcionalista, determinista, evolucionista, weberiano, "rational-choice-ista", anarquista, e, sobretudo, cético de que qualquer dessas doutrinas tenha significação libertária, ou cognoscitiva, exceto de maneira muito, mas muito, residual.[42]

---

[42] Santos, *Discurso sobre o objeto*, p. 104-105.